Espirit
tiempos de Covid-19

Isaac Mendoza Mejía
Magdiel Mendoza Mejía
Rafael Mendoza Vital

Editorial

Copyright © 2021
Registro 03-2021-042811401600-14
Pachuca, México
Editorial RRM

pieloveja@hotmail.com
Pedidos 771-179-0015

Diseño de portada: sweetsardanetamilla@gmail.com

ÍNDICE

AGRADECIMIENTOS

En los primeros días de pandemia causados por el covid-19 y el enclaustramiento obligatorio nace la inquietud de escribir una serie de reflexiones. El COVID-19 o coronavirus-19 o con su nombre científico: SARS-CoV-2 ha dado pie a escribir. Los temas de este libro se fueron dando como aparecen en este documento; se nutrió de noticias, comentarios en redes sociales, series, reportajes y películas en diferentes plataformas. El ministerio de la pluma es prolífico y siempre está a la caza de algún tema novedoso que enriquezca el quehacer académico. Estoy profundamente emocionado de que dos jóvenes ministros hayan aceptado participar en este trabajo.

El misionero, profesor y pastor Magdiel Mendoza Mejía accedió con prontitud y trabajó en *Las misiones en tiempos de Covid-19*; plasma parte de su experiencia en el campo misionero. En *La paternidad y el Covid-19* lo hace pensando en la relación con sus amados hijos y describe la necesidad de la relación equilibrada entre padre e hijos, En *Quédate en casa y el Covid-19* señala la realidad social que viven los seres humanos del planeta.

El pastor y profesor José Isaac Mendoza Mejía presenta *Ministros noveles y el COVID-19*; describe los nuevos ministros que están surgiendo al campo ministerial y los retos tan diferentes que ahora confrontan. En *La iglesia juvenil y el COVID-19* señala acertadamente como debe ser tratada y desarrollada la iglesia que mayormente está compuesta por jóvenes y qué ahora son la fuerza y motor de dirección que responde a las exigencias de su generación. Es relevante cuando presenta *Procrastinación y el COVID-19* despliega la necesidad de que la sociedad se responsable en sus tareas.

Ambos escritores asumen su responsabilidad ministerial al aceptar el llamado recibido y ahora forjan sus pensamientos, experiencias, ideas y conceptos ministeriales con el fin de aportar para que la nueva camada ministerial continúe con el desafío de servir a la comunidad de fe. El Señor bendiga su ministerio y sean prosperados en todo lo que emprendan para la gloria de Dios.

Mi oración es que el Espíritu Santo los guie siempre a la verdad y a la culminación de su llamado para que sean administradores fieles de los recursos que han recibido del cielo.

Cada tema plasmado en las páginas de este libro pretende llevar al lector a la reflexión de la situación que nos ha tocado vivir a partir del año 2020 y tomar acciones que ayudan a la comunidad de fe a crecer y continuar con la expansión del evangelio. La Iglesia no fue llamada a estar expectante ante los acontecimientos mundiales sino a levantar su voz profética señalando el auténtico Camino, mostrando con precisión y sin el menor asomo de duda a cada persona la Verdad con el fin de que encuentren en Jesucristo la Vida. Que la Iglesia tenga el arrojo de manifestar con absoluta seguridad su *Espiritualidad en tiempos de COVID-19*.

DEDICATORÍA

A José Armando Mendoza Hernández mi admirado papá que enfrentó con valor este despiadado enemigo y lo venció alcanzando la eternidad con Cristo su Señor.

A mi amada esposa, a mis valientes hijos y a mis nobles nietos que me sostuvieron en mi lucha contra este enemigo implacable.

A mis amigos e iglesias que me sostuvieron día a día con sus oraciones, finanzas, mensajes e intercesión para animarme a no decaer ante el covid-19.

A cada uno de los ministros que obedecieron el llamado de servir y han partido con el Señor.

A cada miembro de iglesia que enfrentó la eternidad y se ha encontrado con su Señor.

A cada familia que ha experimentado el dolor, la angustia, la soledad y desesperación de ver partir a sus amados.

Al personal hospitalario: médicos, enfermeras, personal de limpieza, administración, guardias de seguridad, quienes manejan las ambulancias y todos los involucrados en el sector salud que son la primera línea de defensa y con valor enfrentan cada día a este implacable enemigo.

INTRODUCCIÓN

La humanidad vive momentos de incertidumbre, agitación y miedo, esto ha conducido a muchos cristianos a encontrar una respuesta en la espiritualidad y a su vez alcanzar el consuelo y la esperanza para encontrar protección divina. El covid-19 se ha convertido en una amenaza poderosa e invisible afectando a cada sociedad, familia e individuo del planeta. Ante el miedo basado en la incertidumbre, el no saber qué va a pasar, la espiritualidad bíblica da solides interior para enfrentarlo.

En todo el mundo las comunidades de fe han sido afectadas por el covid-19 y ahora la espiritualidad se está experimentando sin el colectivo eclesiástico relacional directo. Esta situación forzada ha llevado a cada persona a vivir una retrospección e interioridad que nunca había vivido. El confinamiento de su casa y estar aislados enfrentan una soledad perturbadora. Ante ello se debe comenzar a entender y aprender a conocer el interior; descubrir realmente quienes somos de forma personal.

La humanidad ahora condicionada por órdenes gubernamentales, médicas y científicas se encuentra enclaustrada en los hogares. Esto da la posibilidad de reinventarse con relación a otras personas, a la sociedad, a uno mismo y a Dios. La meditación en la Palabra de Dios traerá salud emocional, espiritual y genera una transformación necesaria.

La Biblia prohíbe poner la mente en blanco, renunciar a pensar, pero si invita a prestar atención en nuestras emociones al confrontarse con la Palabra de Dios. Espiritualidad implica reconectarse con el Creador y este confinamiento conduce a ese reencuentro con Dios donde desnuda el ser completo y devela la naturaleza con el fin de transformar.

Individualmente la lectura de la Biblia, la oración, el ayuno, el silencio, la adoración y el canto son algunas herramientas que ayudan a poner atención hacia dónde Dios nos quiere redirigir. En esta búsqueda de la presencia de Dios, sin templos, sin las formas cúlticas tradicionales debemos replantar nuevas formas eclesiásticas. Esto es necesario porque ahora yo puedo ayudar a mi familia para reconectarnos juntos en nuestra reunión familiar en comunión de fe y unión espiritual.

Los que somos parte de la Iglesia no fuimos llamados a estar separados unos de otros; por el contrario, a mantener la unidad espiritual, física y corporativa para manifestar el amor del Crucificado. La espiritualidad nos lleva a tocar el alma, el espíritu, el ser del prójimo con actos auténticamente bíblicos como el llevar las cargas unos de otros, llorar con los que lloran, sostener las rodillas débiles, levantar las manos sin contienda, medir con la vara que soy medido, quitar la viga de mi ojo, determinar que el carácter de Cristo aflore en mí y buscar que los demás me imiten como yo imito a Cristo.

El COVID-19 ha hecho de cada ser humano vulnerable y ahora unos a otros manifestamos esa vulnerabilidad por lo tanto congregarnos hoy deja de ser prioridad. Mi responsabilidad es entender la forma en cómo debo manifestar espiritualidad en tiempos de covid-19: que el Señor nos ayude.

1
LA ORACIÓN VS. COVID-19

Los días que nos ha tocado vivir son adversos en todos los sentidos. Muy a pesar de la incredulidad de ministros que sin medir la influencia de sus palabras señalan que toda esta situación es un invento o un engaño. A finales de diciembre del 2019 se veía lejano lo sucedido en China, pero paulatinamente fue trastocando nuestro entorno hasta ver como amigos de ministerio, ovejas, conocidos y familiares cayeron bajo el poder de este activo virus.

Los seres humanos tienden a recurrir a las reuniones de oración en tiempos de crisis buscando la gracia de Dios, pero desafortunadamente están cerrando los templos. Están prohibidas las reuniones así que la oración, la adoración y la relación colectiva de la comunidad de fe local se suspendieron por tiempo indefinido. La desesperación apareció; pasar por estos tiempos de prueba requiere mucha fortaleza espiritual. Ante esta situación los ministros alientan a los creyentes a no mantenerse a la expectativa y desarrollar actividades espirituales como el altar familiar. Los servicios virtuales a través de las redes sociales comenzaron a florecer.

La pandemia a descubierto lo que todos sabíamos, no tenemos el menor asomo de respeto por la autoridad, cada uno hace y vive como piensa. ¿Recuera la frase del libro de Jueces? *cada uno hacia como bien le parecía.* Se argumenta situaciones económicas, engaño del gobierno para controlar y que es mercadotecnia para la desobediencia. Uno piensa: "está bien tales expresiones en aquellos que no tienen la menor ida de lo que implica el evangelio", pero oh sorpresa, ministros sin el menor recato de civilidad y sabiduría son los que arengan desde su tribuna hacer su reverenda gana con el argumento de que *me es necesario obedecer antes a Dios que a los hombres.* Patrañas.

Esta enfermedad respiratoria viral causada por un coronavirus que viene de una extensa familia de virus que pueden causar enfermedades tanto en animales como en humanos. En los humanos, se sabe que varios coronavirus causan infecciones respiratorias que pueden ir desde el resfriado común hasta enfermedades más graves como el síndrome respiratorio de Oriente Medio (MERS).

Esta infección mostró una elevada capacidad patogénica y de letalidad; desde noviembre de 2002 hasta finales de junio de 2003 produjo 8.422 casos y 916 defunciones en veintinueve países de los cinco continentes, y por ello se denominó la primera pandemia del siglo XXI. Se le conoció como SARS, el síndrome respiratorio agudo grave: Severe Acute Respiratory Syndrome (SARS).

Este virus o síndrome se originó en la región de Guangdong, al sur de China, y su diseminación epidémica que fue especialmente dramática en algunas zonas ocasionó gran preocupación y alarma mundial. A mediados de la primavera de 2003 la epidemia comenzó a declinar debido al conjunto de medidas de control aplicadas; no puede descartarse la implicación del cambio estacional. El 5 de julio de 2003 la Organización Mundial de la Salud (OMS) anunció que se hallaba bajo control en todo el mundo.

El SARS es un virus que se transmite mediante las partículas de saliva que hacen presencia en el aire cuando una persona infectada tose, estornuda o habla. Los síntomas incluyen fiebre, tos seca, dolor de cabeza, dolores musculares y dificultad para respirar. No existe un tratamiento aparte de los cuidados de apoyo. La mayoría de los enfermos identificados fueron adultos, anteriormente sanos de veinticinco a setenta años; la incidencia es menor en los niños.

La enfermedad empieza con un pico de fiebre (38 °C), a veces asociado con escalofríos, espasmos musculares, dolor de cabeza, malestar general y dolor muscular. Algunos pacientes presentan síntomas respiratorios leves (no se han encontrado síntomas neurológicos) y pueden presentar diarrea mientras tienen fiebre.

El período de incubación del SARS es de dos a siete días. Después, empieza una fase que afecta a las vías respiratorias con tos seca o dificultad para respirar. En noviembre del 2019 aparece el SARS-2 que es más letal y con una expansión de contagio más agresiva; se le denomina COVID-19 o coronavirus-19 que en realidad es SARS-CoV-2.

El terror inunda las calles de las ciudades del mundo porque ante la mortandad no existe una vacuna que detenga la pandemia. Las naciones son arrasadas y su sistema médico y sanitario es puesto en evidencia. La muerte camina plácidamente por las ciudades cosechando vidas.

La humanidad experimenta con escalofríos cómo las personas caen, el hedor en las calles de los cuerpos que nadie recoge, los hospitales son rebasados y deben cerrar sus puertas porque no hay lugar para un enfermo más, los cementerios rápidamente están al lleno total y se ven en la necesidad de buscar nuevos lugares donde sepultar los cientos de cadáveres que diariamente salen de hospitales y casas. Los millonarios enfermos tiran su dinero en la calle señalando que no sirve tenerlo si no hay una cura.

El pánico en algunas zonas del mundo lleva a los gobiernos a exigir que nadie salga de casa y pocos obedecen. La economía se tambalea y las empresas multinacionales como aviación, hotelería, automotriz y comercio comienzan paulatinamente a declararse en quiebra.

El dinero comienza a escasear y aparecen los robos masivos donde grupos de vecinos se interconectan en las redes sociales para iniciar el plan de robar comida en los supermercados. El alimento comienza a encarecerse y a escasear, y el hambre emerge en los grupos más vulnerables; grandes filas están apostadas desde la madrugada en las tiendas de comestibles para adquirir algo de alimento.

En medio de esta crisis mundial social y médica emerge un grupo de personas que tiene la experiencia personal de caminar con Jesús de Nazaret. Han aprendido a ser obedientes a la Biblia y responden con sabiduría, son ejemplo de auténtica espiritualidad al enfocarse en utilizar este tiempo de crisis en elevar su nivel espiritual aplicando las directrices de la Escritura.

Un ejército de oración en el mundo se ha manifestado; y en las redes sociales se observan retiros, proyectos de oración y ayuno, campañas de oración, predicaciones que invitan a la reflexión y a la vida devocional, cadenas de oración, llamados incesantes al arrepentimiento y una búsqueda frenética por entender la voluntad del Señor.

Es verdad que el pastor de la iglesia local juega un papel importante, pero el llamado al altar familiar transfiere una mayor responsabilidad a los miembros de la iglesia en el entorno de su hogar. Orar desde casa traerá una comprensión fiel de que todos pueden tener acceso a Dios a través de Jesucristo (Ef. 2:18), y todos tienen la responsabilidad sacerdotal de interceder por los demás (1 P. 2:9).

Las familias que oran juntos en sus casas son la Iglesia extendida en sus hogares. Llevarlo a cabo afirma la presencia de Dios entre ellos como lo enseño Jesucristo: *Porque donde están dos o tres reunidos en mi nombre, allí estoy yo en medio de ellos* (Mt. 18:20).

El COVID-19 ha puesto a cada creyente a reavivar su fe para ver como la intervención de Dios vence el desastroso efecto de esta pandemia. La oración en tiempos de COVID-19 ha sostenido la vida de cientos de miles de familias; somos testigos de sanidad en el mundo, gente en situación de extrema gravedad han resucitado literalmente, médicos han expresado su asombro de estos hechos milagrosos; Dios ha respondido más allá de las expectativas manifestando su poder y su gracia. Han entendido que el Dios que las páginas de la Biblia registran con hechos portentosos está con ellos en este proceso de crisis mundial y el miedo no es su compañero de viaje de vida.

Aprendieron que la Biblia describe testimonios de oraciones respondidas ante la incapacidad del ser humano. Dios da respuesta a quienes buscan con profunda intensidad y con el propósito de enaltecer su nombre. Durante años escucharon y trasmitieron el mensaje de un Dios que responde en la adversidad y ahora es el momento de llevarlo a la práctica.

Se ven como un faro en medio de una tormenta y están dispuestos a guiar a otros con la luz del evangelio. Su nivel de espiritualidad se agiganta y con la convicción del Espíritu Santo se convierten en una voz de gracia, misericordia y salvación. En su vocabulario aparece el mensaje de redención a todo aquel que lo solicite. Dios no guarda silencio, responde por medio de la Iglesia que ora.

2
LOS ESPANTÓLOGOS Y EL COVID-19

En toda crisis nacional, continental o mundial han surgido personajes con mensajes apocalípticos muy alejados de los preceptos bíblicos. Ante guerras, crisis financieras, enfermedades y catástrofes climáticas estos mensajeros del terror aparecen culpando al gobierno, al demonio o a la Iglesia de ser los responsables de estos hechos. Declaran que el juicio de Dios se manifiesta de esa forma. Sus mensajes lejos de traer palabras de consuelo, paz, y misericordia; de sus labios fluye desprecio hacia la humanidad pecadora qué, señalan, es digna de recibir juicio, castigo y condenación.

En esta primera pandemia mundial del siglo XXI han surgido una serie de personajes que han usado la Biblia para asustar y/o espantar a personas que han sido cautivadas por sus hipnóticos y heréticos mensajes. Estos predicadores del espanto han manejado con habilidad pasajes bíblicos para producir en sus oyentes miedo para mantener control sobre sus vidas. En el escenario han aparecido tres tipos de espantólogos:

Primero, los que con vehemencia señalan que estamos viviendo el *principio de dolores*, que somos testigos de *dolores de parto*, que la vacuna del COVID-19 es *la marca de la bestia*, que los gobiernos están preparando al mundo para el *nuevo orden mundial*; mensajes de juicio apocalípticos van en aumento.

Estos apóstoles del miedo obsesionados con el fin del mundo arengan a las multitudes al arrepentimiento exacerbado y el abandono del mundo haciendo de su entorno el único lugar de salvación del juicio venidero. La obsesión del fin de los tiempos es marcada en sus alocuciones heréticas. Las redes sociales están inundas de estos con el fin de retener a sus sordos y ciegos seguidores, y con el propósito de alcanzar nuevos adeptos.

Estos espantólogos buscan y tienen tribunas virtuales donde escupen sus peroratas. Para ellos el fin del mundo es inminente y el juicio de Dios se ve manifestado en este virus. Dios ha juzgado a la humanidad, la ha sopesado y la ha encontrado falta, señalan. Por causa del pecado Dios está castigando a este mundo y ahora debe sufrir las consecuencias.

El mensaje es virulento y despectivo en contra de aquellos que no practican o viven de acuerdo con sus conceptos. Atacan a todos: ateos, católicos, evangélicos y todos aquellos que no sean de su propia cosmovisión. Su visión es "si no eres conmigo eres contra mí". El éxito de su mensaje descansa en la aceptación de sus palabras de juicio y el número de seguidores que se van agregando.

Segundo, los que atan, desatan, ordenan, declaran y decretan en contra de la pandemia y con su verborrea idiotizante pretenden que de ellos emana poder. Mantienen atemorizado a su auditorio si estos no obedecen sus indicaciones. Uno de estos apóstoles del espanto en cadena nacional ordeno al COVID-19 que se fuera de la nación señalando a sus alucinados partidarios que siguieran con su vida normal y que no olvidaran "sembrar" para el ministerio. Acto seguido este apóstol de la lujuria se escondió en su bunker lleno de alimento para más de un año.

Tercero, los que atacan sin misericordia al gobierno de su país. Ante la cancelación de las reuniones y el cierre de templos han visto la epidemia como resistencia a la gran obra que Dios está haciendo. Culpan al demonio de tales acciones y a los gobernantes que están bajo la influencia de Satán. Invitan a la rebelión contra el gobierno, salir a la calle, reunirse abiertamente en los templos y en algunos casos clandestinamente, a visitar hogares y realizar reuniones cúlticas para alcanzar a los vecinos. Señalan con vehemencia que *es menester obedecer antes a Dios que a los hombres*.

Secretamente el objetivo de sus mensajes es mantener el control de sus oyentes para continuar viviendo de lo que les genera las finanzas. La falta de reunión en sus templos hace que decrezcan las entradas y por lo tanto la vida de sultanes que sostienen les es difícil mantenerla. Estos vividores del evangelio declaran en contra

16

de la enfermedad, decretan sujeción al virus en la palabra de ellos, ordenan al covid-19 que los obedezca y sus mensajes espectaculares impresionan a sus oyentes. Estos profetas del espanto al verse sin recursos financieros promueven las reuniones abiertas y clandestinas, y atacan a cada integrante del gobierno como demonios asentados en las salas gubernamentales.

Para estos exegetas del espanto, sin recato usan las redes sociales para señalar que todo lo que el gobierno ha expresado es mentira, es un flagrante engaño y que la iglesia del Señor, que no es de este mundo, no debe estar sujeta a un gobierno del mundo. Para tales apóstoles del temor su ciudadanía es el cielo y por lo tanto no se deben al gobierno de su país.

En medio de todos estos profetas del desastre y del terror aparecen los auténticos discípulos de Jesucristo que lejos de asustar, producir temor o generar espanto guían a las multitudes a un auténtico entendimiento de las Escrituras. Son ese grupo de personas que son *entendidos en los tiempos* y describen que tal situación es una de las tantas señales que Jesús detalló que aparecerían previas al principio de dolores.

Su mensaje no es apocalíptico, es de esperanza, de confianza y de consuelo. Su propósito es conducir a las multitudes a los delicados pastos para que encuentren descanso en el autor y consumidor de la fe.

La espantología no tiene lugar ante una espiritualidad sostenida en la relación con Jesucristo. El mensaje bíblico no tiene la intención de espantar para atraer a las filas del evangelio a las personas. Una espiritualidad sana y equilibrada ubica a todo aquel que quiera tener una relación sincera, abierta, objetiva y sin atavismos; en ella el individuo alcanza su plenitud y desarrollo personal con absoluta libertad.

Convierte a la persona en un ser equilibrado carente de religiosidad y con absoluta relación con el Espíritu Santo. La espiritualidad transforma el interior de la persona con el fin de afectar sus relaciones promoviendo armonía en su entorno social.

La espiritualidad de auténticos discípulos de Jesucristo se manifiesta en su trato hacia los demás al no enjuiciar o condenar sino al señalar un mejor camino: el amor de Jesús. No ven a las personas que piensan diferentes como enemigos, las decisiones de los demás no son enjuiciadas; el respeto por el ser humano es fundamental.

No están de acuerdo en ciertas acciones, pero no son motivo para condenar. Entienden que su responsabilidad es dar el mensaje de las buenas nuevas y que cada persona responda en base al mensaje recibido. Saben que el Espíritu Santo es quién convence; ellos solo son embajadores y portadores del mensaje.

Cuán necesario en este tiempo son las voces que se levanten con una palabra de esperanza que dé seguridad en Dios. Voces que produzcan convicción de arrepentimiento, que conduzcan a cada persona a un encuentro con Jesucristo y alcance salvación. Voces que den seguridad de que al enfrentar la eternidad encontrará el rostro amable de Jesucristo que da la bienvenida al gozo del Señor.

Voces que fortalezcan en tiempos de dolor ante la pérdida de un ser amado y dé consuelo para enfrentar la separación. Voces que den la seguridad de la presencia del Altísimo en tiempos del COVID-19. Estas voces están ahí, solo debemos poner atención.

3
LOS TEMPLOS ANTE EL COVID-19

Constantino rompió la tradición de los Cesares romanos con respecto a la persecución de los cristianos. La historia señala que en el imperio romano diez persecuciones contra los cristianos se sucintaron y fueron dirigidas por Nerón, Domiciano, Trajano, Marco Aurelio, Séptimo Severo, Maximiano, Decio, Valeriano, Aureliano y Diocleciano. El cristianismo era considerado ilegal en el imperio por ello los cristianos se mantuvieron escondidos. Sus reuniones fueron secretas y de ello lo atestigua las catacumbas de la ciudad de Roma. En ellas se reunían para presentar a los niños, casar, adorar y orar, bautizar en agua y predicar.

Constantino cancela la persecución y permite el culto cristiano de manera pública. Cual político entiende que el cristianismo lejos de decrecer va en aumento y es una fuerza social imparable. Así que promulga en el año 313 d. C. el *edicto Milán* que establece la libertad de religión. De los cincuenta millones de habitantes existentes en el imperio siete millones profesaban el cristianismo. Constantino se bautiza públicamente para que el cristianismo de la época lo acepte, aunque secretamente era adorador del sol; nunca fue cristiano.

Esta acción fue una astuta respuesta del emperador frente al crecimiento exponencial de la Iglesia en el imperio. Parte de la estrategia de Constantino fue entregar templos, dar puestos políticos, casas y dinero a los pastores con el fin de fortalecer las relaciones con este creciente grupo social. Muchos pastores y creyentes se congratularon por las acciones del emperador pero esto atrajo a no creyentes a integrarse en la membrecía de las comunidades de fe. Muchos de estos no conversos se convirtieron en ministros cristianos que buscaron posiciones políticas.

A partir de este hecho histórico la Iglesia se encerró en las paredes del templo generando con ello que el propósito primario de toda comunidad de fe era obtener su propio templo; la iglesia dejo de expandirse. La predicación del evangelio hacia otros territorios se frenó estrepitosamente y el objetivo ya no fue llevar el evangelio a otros lugares sino construir un templo propio.

La historia da evidencia de que un sinnúmero de organizaciones cristianas dejó como testimonio sus templos, pero su membresía desapareció con el tiempo. Este círculo vicioso ha permeado el cristianismo en todas sus manifestaciones en el mundo. La Iglesia se volvió templo-céntrica, es decir, todas sus actividades se desarrollaron en el templo; dejó el mensaje de ir por el de venir.

El templo fue el objeto primario para llevar a cabo la liturgia, las ceremonias, los sacramentos, las consagraciones, los funerales, el culto; la vida social y espiritual se desarrolló en el templo. Toda la razón de ser de los creyentes fue congregarse en el templo, de esta manera se convirtió en el lugar de reunión social principal.

En la historia aparecen las familias que compraron el terreno, las que edificaron, embellecieron, desarrollaron y ampliaron. Todo esto tenía el propósito de enaltecer a las personas que participaron en la edificación del edificio y perpetuar su nombre en la historia.

En el rubro ministerial se exaltó la figura pastoral; se engrandeció aquellos que iniciaron predicando la Biblia, los que continuaron hasta conformar la membresía y establecer en alto el nombre de la iglesia local que se concentró en el edificio. En su historia aparecen los nombres de estos "próceres" del ministerio porque gracias a ellos la iglesia logró el lugar que ahora tiene.

Las naciones han enfrentado serias situaciones económicas, sociales y políticas, pero en la mayoría de ellas los templos continuaron abiertos ofreciendo sus servicios y la membrecía permanecía; inclusive aumentaba. Pero el covid-19 ha confrontado seriamente el centro-templismo ante la orden del gobierno de que centros de predicación se mantengan cerrados. Han surgido voces ignorantes que señalan persecución en contra de la iglesia por estos actos gubernamentales en pro de la salud pública.

El covid-19 ha generado una profunda crisis en las comunidades de fe; las diversas religiones del mundo como hinduistas, confusionistas, musulmanes, judíos denominaciones cristianas han tenido que cerrar sus lugares de culto por ser lugares peligrosos, focos de contagios y propagación del virus. Los noticiarios y las redes sociales plasman estos lugares de culto en el mundo absolutamente vacíos.

Al permanece cerrado el lugar de reunión se tiene que volver al modelo neotestamentarios, donde el templo es solo una herramienta y no un fin. La Iglesia necesita entender que los templos son herramienta de servicio no objetos de culto. La iglesia, la comunidad de fe local son las personas; el templo es el edificio inerte. El COVID-19 ha desnudado a muchos ministros y cristianos que sin templo no tiene dirección, experimentan abandono y evocan nostalgia.

Una espiritualidad autentica se manifiesta con o sin templo y coloca su manifestación en Jesucristo. El Nuevo Testamento centra la espiritualidad en la comunidad de los creyentes, en su relación de la reunión en casas y templo. La membrecía deja de ser importante para dar prioridad al discipulado. El templismo centra todo su desarrollo en el número de miembros mientras que la Iglesia se enfoca en el discipulado.

La tarea de hacer discípulos no es dar algunas lecciones a los recién convertidos para prepararlos para el bautismo en agua. Tampoco es una serie de enseñanzas programadas a los recién bautizados para prepararlos a la membrecía de la iglesia y que se enfoquen en alguna tarea de la iglesia local. El discipulado es un proceso de vida que nunca termina y conlleva relación continua con los demás. No se enfoca en los recién convertidos, se enfoca en toda la congregación.

El pastor no señala el número de miembros que tiene la comunidad de fe sino en el número de personas con las que se relaciona y conduce en la vida cristiana. El discipulado es un proceso de largo tiempo, es de toda la vida y es responsabilidad de toda la iglesia.

No es un trabajo pastoral, es tarea de vida eclesiástica; es la manifestación plena de la espiritualidad eclesiástica. El pastor tiene discípulos, pero a su vez es discípulo de alguien, es decir, el pastor es pastoreado también.

Es entonces que la espiritualidad no se centra en el templo sino en la comunión con las personas que son la Iglesia. Unos a otros se ayudan a crecer, desarrollarse, sostenerse, avanzar, impulsar, engrandecer. Así se entiende el principio neotestamentario de que todos somos miembros del cuerpo que se duelen o se enaltecen cuando uno de los miembros enfrenta una situación personal entendiendo que el liderazgo está en Cristo como cabeza de la Iglesia. Aquellos que entienden este principio no están angustiados o preocupados por la falta de templos ya que la Iglesia subsiste y va más allá del templo.

4
MINISTROS NOVELES Y EL COVID-19

Es un reto desempeñar alguna actividad nueva sin importar estar bien documentados sobre el tema o estar sumergidos en el ambiente desde a muy temprana edad; nada se compara con el desempeño de un proyecto nuevo. La tarea pastoral como en cualquier otro trabajo exige constancia ya sea como consejero, amigo, guía, psicólogo, maestro, defensor o apoyo entre otras actividades.

La constante repetición genera la habilidad que muchas veces parece un talento innato. La educación occidental tiene su base en adquirir conocimiento mediante la investigación, la lectura y la práctica, aunque esta última de manera imperceptible se ha dejado de lado.

El pensamiento colectivo hace creer que es mejor gozar de un gran intelecto que desarrollar trabajos que necesiten fuerza bruta, por ello los trabajos gerenciales son pagados con altísimos sueldos, mientras que aquellos que desarrollan y agotan su fuerza física perciben sueldos inferiores. Esta filosofía en las nuevas generaciones de ministros ha llevado a gastan tiempo y dinero en estudios teológicos y eclesiástico.

Las comunidades de fe que los vieron nacer perciben que su aspiración es permanecer entre ellos y que han determinado no salir. El propósito es tener la oportunidad para demostrar su valía y ocupar algún cargo influyente con el propósito primario de convertirse en el pastor titular de su propia comunidad eclesiástica y con ello lograr su estabilidad financiera y social.

¿Cuál es el problema con estos deseos? Aunque parece noble la aspiración, la realidad es que esconde deseos egoístas de reconocimiento, comodidad y vanagloria. Si bien es bueno desarrollar una comunidad de fe para cumplir la gran comisión,

Jesucristo no mandó construir templos espectaculares y cómodos para llenarlos de gente espiritualmente estática y errática. El gran grosor de estos asistentes no logra obtener madurez y desarrollo optimo en la vida cristiana; mucho menos en los ministros noveles.

La madurez de un individuo se da en la medida en que este decide serlo, no solo como decisión efímera en el pensamiento, sino como una real convicción que lo lleva a situaciones que no son cómodas para probar que sus capacidades emocionales pueden desarrollarse solo ante retos de vida.

En concreto cuando el individuo enfrenta problemas y situaciones que a la mayoría no le gusta experimentar es cuando comienza a desarrollar todas sus capacidades y se produce la madurez. Las nuevas generaciones de ministros egresados de institutos bíblicos se quedan estancados en sus iglesias locales y aunque muchos podrían decir que es un mecanismo de defensa en este COVID-19. La verdad es que su desarrollo es nulo.

La idea de que aquel que sabe más vale más se introdujo en las comunidades de fe dándole importancia al conocimiento que no tiene aplicación en evangelización, enseñanza y discipulado personalizado. Se apostó por la seguridad de las iglesias dándole fuerza e importancia a ideas diabólicas como el control de los miembros. Así, el que más gente controle dentro de una congregación es más importante porque ha conseguido ser una influencia social.

Esta filosofía condujo a la urgente necesidad de adquirir conocimiento y en especial obtener el documento que lo avala. En esta vorágine por el tener y lograr se olvidó preparar adecuadamente ministros y aquellos que se enviaron al campo fue con una nula preparación. La falta de auténticos docentes y mentores ha dejado sin dirección a los noveles ministros y con ello un boquete en la comprensión de un ministerio efectivo.

Las aves rapaces como el halcón y el águila aplican métodos crueles para enseñar a la nueva generación a desarrollar habilidades innatas a su especie para volar. El plumaje majestuoso del águila y su imponente tamaño no es solo para agitar sus alas. De ser así, un potencial de ese calibre es un desperdicio de habilidades. Los investigadores del comportamiento de estas aves señalan que cuando empujan a los polluelos del nido al vacío no es un acto criminal sino un acto de amor al llevar a la cría al límite. Lo conducen a encontrar su propia fuerza para desempeñar tareas inherentes de su especie.

Los padres de estas aves saben el tiempo ideal para hacerlo, saben de antemano qué hay una preparación antes de empujar a esta nueva generación a una actividad que desarrollará toda su vida comenzando por revolotear las alas para desplegar la fuerza y la habilidad adecuada.

Saben que una vez que comiencen a volar se presentarán retos y cambios al enfrentar corrientes de aire turbulentas que aprenderán en la práctica de forma ascendente, en picada y a gestionar la energía para largas jornadas de vuelos.

Estas aves sin un desarrollo intelectual, sin una conciencia del bien o el mal y sin la razón con la que está dotado el ser humano han logrado transmitir enseñanzas tan básicas como lo es el desarrollo de la naturaleza que llevan adentro. Es muy parecido a las acciones que realizan los salmones que están determinados en nadar río arriba contra corriente. Enfrentando depredadores y a pesar de ellos no se esconden, sino que siguen avanzando hasta llegar al lugar donde desovaran para continuar con el ciclo de vida.

¿Qué está impidiendo a la Iglesia desarrollar a los nuevos ministros que emergen de su interior y cumplan las responsabilidades propias a su llamado? Jóvenes ministros con todas las capacidades innatas y los dones y ministerios recibidos del Espíritu Santo.

La tarea es transformarlos y que adquieran la esencia del carácter de Jesucristo; que estén enfocados en su desarrollo personal y alcancen la madures espiritual y ministerial que demanda la sociedad donde ministrarán con efectividad. Mantenerlos en sus congregaciones es un suicidio, amputan sus dones y ministerios generando una generación de ministros castrados y faltos de visión coherente con la realidad social.

El desarrollo de ministros en tiempos del COVID-19 debe conducir a la reflexión y buscar las formas de impulsar a los jóvenes ministros a desarrollar auténticamente su ejerció ministerial. Que estén dispuestos a renunciar a la zona de confort de su entorno eclesiástico, que estén determinados en consolidar y afianzar su relación con el Dios que los llamó y que mantengan la constancia de la llenura del Espíritu Santo en sus vidas.

El reto es producir ministros que sepan utilizar sus diferentes habilidades con las que fueron dotados para buscar nuevas formas de expandir el ministerio y desarrollar nuevas plataformas para la conformación de iglesias locales que respondan ante la pandemia. Que no sea suficiente estar frente a un monitor en alguna red social dando un sermón.

Que en este tiempo de encierro con todas sus redes sociales logren funcionar para un nuevo tipo de ejerció ministerial, que pueda causar un impacto que desemboque en el establecimiento y desarrollo de nuevos centros de predicación con nuevos creyentes que no necesiten ser controlados y supervisados. Que, por el contrario, estos nuevos ministros, puedan ayudar a satisfacer las necesidades mediante conserjería, guía, enseñanza, intercesión obedeciendo el principio de la gran comisión de ir.

Si bien los mandamientos formaban parte de la vida diaria de los judíos, las enseñanzas de Jesucristo retomaron el sentido original y aun después de su resurrección siguió enseñando. El único mandamiento imperativo que acentuó fue registrado por Mateo cuando expresamente dice: *id... y haced discípulos a todas las naciones* (Mt. 28:19), Marcos añade: *...por todo el mundo y predicad el evangelio a toda criatura* (Mr. 16:15).

En ambos casos Jesús señala puntualmente que el requisito se debe cumplir en todo el planeta, a todas las naciones, es decir, a cada etnia. El ministerio debe ampliarse en el campo y el COVID-19 es una excelente oportunidad para desarrollarlo.

5
EL FEMINISMO Y EL COVID-19

A finales del siglo XIX la humanidad comenzó a enfrentar un movimiento de "emancipación" femenina. Se gestó la idea de que la sociedad estaba asentada en principios "patriarcales" que degradaban a las mujeres. El feminismo desplegó sus tentáculos en todo el orbe con exigencias y demandas en pro de las mujeres.

La historia describe que en el feminismo aparecen tres causas del surgimiento de este movimiento: Mal entendimiento y aplicación de la sumisión, confrontar el fracaso de esposos que no llevaron a cabo sus responsabilidades y el desconocimiento y mala interpretación de las Escrituras. El movimiento feminista se divide en dos grupos: el de mujeres híper-pasivas y el de las mujeres agresivas. Estos grupos tienen subgrupos que son independientes uno de otro y se contradicen entre sí.

En el grupo de las híper-pasiva aparecen las que son tímidas, muestran falta de confianza, no tienen opinión, sin convicciones firmes, viven atadas al hogar y experimentan la sensación de una falta de atractivo sexual. Este grupo tiene tres subgrupos: En el primero están las mujeres hogareñas que están orgullosas del hogar que han formado, la manera de cómo han criado a sus hijos y como mantienen su vida matrimonial ordenada. Ellas son excelentes administradoras de su economía que ha llevado a su hogar a un equilibrio y estabilidad sana.

En el segundo subgrupo aparecen las mujeres que son dueñas de propiedades; casas, departamentos, terrenos, vehículos. Ellas determinan ponen bajo la administración de su esposo sus bienes y propiedades ya que encuentran satisfacción en general en su relación matrimonial.

Con orgullo se presentan como propiedad de su esposo al presentarse como "la señora de...", llevando con presunción el apellido de su esposo. Incluso cuando enfrentan la viudez siguen con la misma tesitura llamándose "viuda de...". Estas mujeres tienen la capacidad de ser porque han alcanzado un nivel personal de ser ellas mismas en torno a su hogar y matrimonio y con orgullo se presentan ante la sociedad como mujeres realizadas.

En el tercer subgrupo de las híper-pasivas aparecen las religiosas, las místicas o las espirituales. Ellas están enfocadas en su religiosidad cumpliendo todas las demandas espirituales de su fe. En su cosmovisión cumplen con la voluntad de Dios al llevar a cabo su liturgia, servicio social avalado por sus líderes eclesiásticos y enfocadas en su tarea de ser servidoras de Dios.

Buscan sobre todas sus actividades agradar a Dios cumpliendo su voluntad realizando los lineamientos que aprendieron. Pasan la mayor parte del tiempo sumergidas en la religiosidad de sus templos y siempre están al servicio del ministro de culto. Su razón de ser es alcanzar la plenitud de vida en sus prácticas religiosas. Un gran número de ellas están desconectadas de su familia y viven vidas matrimoniales rotas.

En el segundo grupo feminista de la mujer agresiva es el que no aceptan ser guiadas por nadie, repudian la sumisión, muchas de ellas son esposas que viven bajo la amenaza de su padre o esposo y tienden a reprimir su odio. Viven en aislamiento y soledad social porque desde niñas experimentaron el trauma del abandono de la figura paterna y acciones pusilánimes de la madre, sufrieron violencia, vejación, e incluso violación sexual. De este grupo se desprenden tres subgrupos.

El primero es las que se rebelan a toda acción masculina sin importar que los motivos del varón sean puros. Son militantes permanentes de grupos en contra de la figura masculina en la sociedad; han renunciado a la religión familiar y con repudio desprecian los conceptos religiosos de la madre. Dentro de este subgrupo en su mayor porcentaje son ateas declaradas.

El segundo aparece las intelectuales, escritoras, con profesión universitaria, empresarias, comunicadoras, adineradas y de clase media a clase alta. Desde sus posiciones luchan por cambiar leyes constitucionales de su país en pro de los derechos y estado de la mujer. Combaten con argumentos sociológicos, filosóficos e históricos por cambiar las actitudes en la sociedad. Son promotoras y realizan cruzadas para concientizar en la sociedad el lugar que la mujer debe ocupar en el mundo. De este subgrupo el menor porcentaje de ellas son ateas.

El tercero subgrupo de las agresivas aparece las que realizan constantemente protestas que se tornan violentas. En su programa aparece con toda intención cambiar la fe religiosa de la sociedad sin importar que se pervierta su posición sexual ya que un altísimo porcentaje de ellas son lesbianas.

Buscan cambiar los ideales de la sociedad en un matriarcado teniendo subyugado al hombre que es la fuente de todo el dolor que experimentaron en su vida infantil. El odio contra el hombre es la energía que mueve a este subgrupo.

El COVID-19 ha confrontado a todo ser humano a no olvidar que somos seres espirituales. Nos demos cuenta o no enfrentamos un problema como comunidad global. Ante este desafío se requiere cooperación y unidad global; se necesita compasión para aliviar el sufrimiento.

Las marchas violentas de mujeres desnudas, burlándose de elementos religiosos, degradando la imagen de personajes bíblicos en especia de Jesucristo, los gritos en contra del gobierno, el odio exacerbado hacia los hombres está en silencio. Las pañoletas verdes alrededor del cuello como símbolo de emancipación ahora se han convertido en cubre bocas que calla los gritos.

El covid-19 ha detenido en el mundo estas hordas que exigían hasta el paroxismo demandas insanas porque ahora lo más urgente es confrontar este impacto de salud pública mortal y el económico que ya es desastroso. El elemento espiritual ha convertido a toda la comunidad global con una conectividad espiritual.

El COVID-19 es una batalla por el alma, es una batalla espiritual para el siglo XXI y solo aquellos que entienden y viven los principios bíblicos la ganaran. La Biblia enaltece y engrandece la figura de la mujer; establece claramente la posición de dignidad que la mujer encuentra en Jesucristo. Cuando la espiritualidad se desarrolla en las concepciones religiosas personales y culturales se denigra al ser humano; por ello muchas mujeres enfrentan la insatisfacción en su entorno religioso/eclesiástico.

Esto es porque el machismo experimentado en su entorno familia y matrimonial lo viven en su comunidad de fe local. Experimentan entonces vidas frustradas que el evangelio no pretende generar en la espiritualidad de nadie; ya que el evangelio enseña que en Jesucristo la persona es libre, sin ataduras y con la proyección de alcanzar la realización personal.

La espiritualidad autentica bíblica enaltece a la mujer en todo el quehacer humano y busca que siempre alcance plenitud de vida. Muchas esferas religiosas ven a una mujer exitosa en cualquier rubro con temor e inseguridad. Entidades eclesiásticas, ministros varones y sociedad en general se sienten intimidados ante una mujer que ha logrado el éxito en su vida.

Se han castrado emocionalmente y no toleran una mujer triunfante. El evangelio tiene la tarea de lograr que mujeres, al igual que hombres, logren la plenitud total. Esta es la auténtica espiritualidad manifestada hacia el prójimo: ayudar al crecimiento pleno del otro sin importar su sexo.

6
MISTICISMO EVANGÉLICO Y EL COVID-19

Al examinar la iglesia contemporánea una preocupación emerge ante la manifestación del poder y la prevalencia del misticismo que aparece en púlpitos, libros y conversaciones. El lenguaje que alguna vez se consideró lenguaje distintivo del misticismo ahora es comúnmente usado en círculos evangélicos. El misticismo se ha introducido en el lenguaje de los discípulos de Jesús y se han fusionado de tal forma que aparecen casi inseparables. Y en esta era de sincretismo es difícil detectar la contradicción y la oposición.

Hay tantas definiciones diferentes de la palabra misticismo como prácticas; se usa de formas diferentes que la mayoría no tiene una buena idea de lo que significa. El misticismo es una forma de espiritualidad con matices cristianos que intenta tener acceso directo o inmediato a Dios. El cristiano busca una comunión directa con Diosa través de sus experiencias.

En el contexto evangélico místico las personas tienden a pasar por alto la inerrancia de Palabra de Dios como la única autoridad en toda experiencia espiritual personal. La palabra místico viene del verbo griego *myein* que significa encerrar y *mystikos* que implica cerrado, arcano o misterioso.

Esta palabra designa un tipo de experiencia muy difícil de alcanzar y cuando se logra es el grado máximo de unión del alma humana a lo sagrado durante la existencia terrenal. Se da en las religiones monoteístas y politeístas, aunque en las no teístas como el budismo se identifica con un grado máximo de perfección y conocimiento.

Hoy en día se ha vuelto tan común este elemento en el entorno evangélico donde hombres y mujeres señalan enfáticos que Dios se está comunicando con ellos de forma directa y especial a expensas de la Biblia. Algunos se erigen no solo como voceros, sino como la voz misma de Dios. En centros de educación bíblica ciertos profesores y alumnos expresan la misma actitud, pero es maximizada por su posición. Se erigen como tótems donde emana la plena voluntad de Dios y la influencia es brutal ya que los seguidores son absolutos ciegos y sordos sin la capacidad de discernir. Expresan que han sido "guiados" a decir o hacer; que Dios les ha "dicho" que no hagan esto o aquello porque desde su interior escucharon la voz de Dios.

Las Escrituras nunca ordenaron mirar al interior en busca de dirección, sino más bien ir a la palabra revelada de Dios. A los creyentes se les da la Escritura para equiparse e instruidos para toda buena obra, se ordena meditar en ella para adquirir conocimiento, sabiduría y comprensión. Irónicamente ha surgido una nueva generación de autoproclamados profetas que promocionan sus propios sueños y visiones con la frase: *el Señor me dijo*, aprovechándose de las personas; eso es misticismo.

La razón de la etiqueta de misticismo es porque el auténtico cristianismo se distingue de todas las religiones en lo que es la revelación de Dios en su Palabra (de afuera) a la iglesia (hacia adentro); el misticismo se manifiesta desde adentro de la persona hacia afuera. Muchas de estas revelaciones evangélicas son antibíblicas, pero quienes la expresan tienen toda la credibilidad del auditorio y está dispuesto a acatar lo que se les ordene. No cuestionan la fuente de la "revelación" ni la interpretación, son incapaces de pensar. Como resultado el auditorio se convierte en una masa torpe y de fácil control.

Muchas personas sanas en la Palabra, sin duda se han expuesto a delirios lamentables. Ponen demasiado peso de autoridad en los impulsos e impresiones como si fueran revelaciones inmediatas de Dios; con el fin de dar significado a algo futuro o para dirigirlos hacia donde ir y qué hacer. La necesidad de ser cauteloso en cómo se presta atención a tales personajes es imperante. Las impresiones que hacen tienen gran poder sobre la mente, pero no son un signo seguro de que sean revelaciones de Dios.

¿Por qué no puede la iglesia y sus ministros estar satisfecha con la santa y pura palabra de Dios que tienen en abundancia y claridad? ¿Por qué debe la iglesia desear que se agregue algo por impulsos de personas especiales? ¿Por qué la iglesia desea que la Escritura hable más de lo que ya ha dicho? Un principio erróneo en estos días es la noción de que Dios guía a la iglesia por inspiración y revelación siempre y cuando una persona tenga la noción de que es guiado por la dirección inmediata del Espíritu Santo.

Esta persona se vuelve incorregible e inexpugnable en toda su mala conducta, es decir, difícilmente peca y por lo tanto no puede corregirse. Muchos buenos cristianos y ministros confunden la fantasía con la fe y la imaginación con la revelación. Poner impresiones subjetivas en el nivel de la Palabra de Dios, independientemente de los motivos, socava la autoridad, la suficiencia y el propósito de las Escrituras. Mente y corazón caídos nunca prescriben que esta tarea está reservada al Espíritu Santo inspirando la palabra segura de las Escrituras.

En esta pandemia del COVID-19 los predicadores, maestros y cantantes místicos pululan en las redes sociales con mensajes que atrapan la atención de las masas de lerdos que impávidos tragan la basura de su verborragia malsana; el fin es engrosar sus carteras. Con desfachatez y arrogancia desprecian las Escrituras asumiendo una posición de divos que en algunos casos raya en fetichismo y brujería. Cuanta verdad están en las palabras de Oseas: *Mi pueblo está siendo destruido porque no me conoce* (Os. 4:6 NTV). Este misticismo no tiene influencia en una comunidad de fe abundante en el conocimiento de las Escrituras.

La espiritualidad de la iglesia se manifiesta en su responsabilidad de aferrarse a la doctrina de la Reforma de *Sola scriptura* es decir, solo las Escrituras, y no la experiencia individual de nadie ni la tradición corporativa recogida y destilada de la Iglesia son la autoridad final. Las Escrituras son la autoridad final porque las Escrituras son lo que Dios dice. En este contexto, *Sola scriptura* significa que la Biblia es la máxima autoridad en todos los asuntos de la fe y la vida cristiana, y, por lo tanto, la máxima autoridad en espiritualidad.

Dios ha dado su Palabra para guiar en todos los asuntos de fe y práctica. Cuando alguien se compromete con el misticismo, se compromete a buscar la revelación de Dios y las experiencias de Dios que provienen fuera de su Palabra. Rechaza su regalo infalible, inerrante, suficiente exigiendo más. El creyente crea rápidamente sus propias experiencias y las interpreta como si fueran la revelación de Dios.

Sin embargo, la Biblia advierte que nada se puede hacer para mejorar la Palabra de Dios y nadie tiene derecho a exigir nada más. La pregunta para los cristianos hoy es esta: ¿es suficiente la Palabra de Dios en tiempos del COVID-19? La respuesta es definida en la auténtica espiritualidad sostenida en los principios bíblicos.

7
LAS MISIONES EN TIEMPOS DEL COVID-19

Por la tragedia de COVID-19 la Iglesia ha tenido que reformular la manera de presentar la palabra de Dios. Cada congregación local en el mundo recurrió a las redes sociales para continuar predicando la palabra de Dios en sus días de reunión. Muchos pastores no supieron qué hacer porque la gran mayoría no conocía las redes sociales y otros nunca habían transmitido un mensaje en online.

Algunos más se negaron a cambiar y siguieron abriendo sus templos. Aquellos que tenían conocimiento de las redes sociales optaron por convertirse en una iglesia en línea realizando todas sus actividades eclesiásticas en estos medios.

Durante la primera semana de transmisiones la red se cayó; Facebook tuvo que eliminar las transmisiones porque no estaban preparados para tal evento. Aunque parecía bueno y se veía como la solución inmediata de las iglesias porque todos debían quedarse en casa, lo que realmente pasó es que quizá COVID-19 evidenció la realidad que las iglesias están viviendo hace mucho tiempo: no estaban preparadas para enfrentar el cambio. Muchos menos llevar a cabo la misión.

¿Qué es la misión de la Iglesia? Es presentar a Jesús mientras él regresa, es predicar que el Reino de los cielos se ha acercado, es denuncia y expone el pecado del mundo, que el pecado ha corrompido y el único que puede dar solución es Jesús porque él expió toda maldad. Con su sacrificio en la cruz todos pueden ser limpios del pecado y tener acceso a una vida distinta, a una verdadera vida, no solo en esta tierra sino una vida eterna después de la muerte. De esta forma nadie podrá al final de la vida enfrentará la muerte eterna.

La realidad de la misión de la Iglesia es que por muchos años ha sido una responsabilidad soslayada. La Iglesia ha olvidado su propósito, no ha propagado el mensaje de redención dando prioridad a otras actividades eclesiásticas como congresos, conciertos, convenciones, elecciones, campamentos, retiros y un sin fin de programas enfocados al interior de la Iglesia.

La pandemia ha presentado esta realidad eclesiástica olvidada. La Iglesia dejo a un lado su razón de ser, su representatividad de Cristo en este planeta. Gracias al COVID-19 hoy se puede replantear su auténtico propósito en la tierra, entender qué falló, olvidó la misión y que debe renunciar a la autosatisfacción eclesiástica.

Que la gracia barata ha conducido a cada cristiano a una vida mediocre de exigencias y demandas insanas que atentan con la vida del evangelio. Que la búsqueda de una mejor estabilidad económica es indecente, que el seguimiento del mensaje más elocuente y tranquilizador es insultante, que la búsqueda de una vida cristiana sin problemas y dificultades es anormal.

Que la prédica de prosperidad, sanidad, liderazgo, empoderamiento, poseedores de poder se adquiere solo con declararlo para obtener es herético. Que el evangelio light se empoderó en el corazón de ministros y creyentes olvidando su compromiso misional.

La Iglesia centró sus esfuerzos en construir edificios, sociedades, denominaciones con el fin de hacerse fuertes, grande y poderosa. Buscó reconocimiento político, poder social, presencia en los medios; todo con el fin de erigir su nombre olvidando el mensaje central con el fin de que la transformación del hombre fuera real y autentica.

Bastó con musitar una oración para hacerle creer a la gente que ha cambiado aún si no dejan sus viejas costumbres porque su objetivo fue atraer más congregantes y por ende obtener más fuerza e influencia social.

Esta realidad dista mucho del mensaje de Jesús porque ser testigo y discípulo de Cristo conlleva el sacrificio ya que ser Iglesia implica ser mártir. Con tal determinación la Iglesia renuncia a valorar su vida, a la comodidad, a su estabilidad económica, a tener reconocimiento y rompe cada uno de los lazos familiares que la atan. Está determinada en entrega todo para morir llevando el mensaje de salvación y que otros puedan vivir.

Representar a Cristo es dejar de representar sus propios intereses, es representar el Reino que no es de este mundo, es ser señalado por la sociedad, es dejar de tener popularidad, es no caber en los espacios políticos, es ser incómodo en los medios de espectáculos, es ser rechazado y pocos están dispuestos a transitar por este sendero.

Mientras una gran mayoría de iglesias locales se atrincheró miles de decenas de seres humanos mueren por el COVID-19 sin tener el mensaje de salvación en sus manos, sin la única esperanza. En este tiempo difícil el mundo necesita conocer el mensaje de salvación, necesita experimentar el poder de sanidad en Jesús a través de la Iglesia.

Es una magnífica oportunidad de predicar a Jesús ¿es apropiado hacerlo desde la tranquilidad del hogar? ¿Es correcto desarrollar la liturgia y los tiempos de oración desde el resguardo hogareño? ¿Qué haría Jesús en esta situación? ¿Caminaría en las salas hospitalarias orando por los enfermos y predicando que el reino de Dios se ha acercado? Tales acciones son arriesgadas, Jesús no vivió en tiempos de COVID-19. Lo que es muy seguro es que Jesús obedecería las autoridades, usaría tapabocas, no saldría de casa y trasmitiría por sus redes sociales.

¿Acaso Jesús visitaba a los leprosos? Jesús pudo contagiarse de lepra que era la enfermedad más contagiosa y mortal de su época. Estaba prohibido tocar un leproso, aunque fuera familia, quien lo tocaba se convertía en inmundo de acuerdo con la Ley mosaica y nadie inmundo podía acercarse al pueblo ni predicar la palabra de Dios.

¿Jesús tocó leprosos? Los evangelios señalan en repetidas ocasiones que lo hacía y estos eran sanados. A Jesús no le importó la enfermedad, se preocupó primero por la sanidad del alma y después de su cuerpo. El amor y compasión de Jesús hacia los enfermos era evidente y de la misma forma con los endeudados, los amargados y los encarcelados.

Los evangelios describen que el mensaje de Jesús fue llevado a Jerusalén, Judea y Samaria. Jesús recorrió muchos lugares, no se limitó a una ciudad, a un pueblo, a una nación, a una cultura, a una raza o a un estatus social. Para Jesús no eran importantes las divisiones geopolíticas, sociales y culturales, siempre atravesó estas y otras barreras para compartir su mensaje de salvación; tuvo puesta su mirada en la necesidad del mundo. Solo algunos misioneros han entendido la importancia de continuar con la misión que Dios les ha legado.

Algunas iglesias que se han centrado en la importancia de la misión han permanecido en la brecha y siguen realizando misiones pese a la pandemia. El problema mayúsculo no es el COVID-19 sino que la estructura eclesiástica que no tiene su prioridad y corazón en la misión. Esta pandemia manifiesta esa realidad.

Algunos agradecen al COVID-19, por desnudar a la iglesia y al ministerio y descubrir que en nada se parecen Jesús. El virus ha sido un maestro que enseña que la Iglesia ha dejado a un lado la misión y que la fe lejos de aumentar ha decrecido. Este elocuente experto muestra cada fallo estructural y teológico en el que está inmersa la Iglesia y el ministerio.

Ese hábil capacitador está ubicando a la Iglesia para que regrese a la tarea primigenia de predicar el mensaje de salvación. Se agradece a la pandemia por que hace ver la condición adormecida y narcotizada de la Iglesia generada por la adulación y estimulación del ego, deslumbrados por espejismos de este mundo.

En este momento tan tenebroso del COVID-19 es el tiempo de predicar la Palabra, de hacer misiones, de dar la respuesta que el mundo necesita. Hombres y mujeres, familias completas, poblaciones enteras, ciudades, estados y naciones claman por una respuesta. Buscan salvarse de la enfermedad y solo la Iglesia y sus ministros tienen la respuesta. Nos encontramos en un punto de la historia para desafiar a la naturaleza de este maligno virus predicando el mensaje de poder y experimentar una vida sobrenatural que destruye la muerte; es la vida en Cristo.

Hoy más que nunca la gente debe escuchar que el Reino de los cielos se ha acercado y sin temor tocar al enfermo para que reciba sanidad. Es el tiempo de vivir en el poder de Dios tomando el lugar cual representantes del cielo. Es el tiempo de ser los héroes de la fe.

8
EL LIDERAZGO JUVENIL Y EL COVID-19

Los liderazgos juveniles suelen iniciar desordenadamente debido a que es la etapa del ser humano más caótica. Se convierte en un auténtico y verdadero reto guiar a un grupo de personas que no entiende muy bien lo que sucede en su vida y los cambios que experimentan. Aunado a los problemas propios de esta etapa de vida se suma que cada generación se reinventa por lo que las generaciones que se van quedando tienden a sentirse superadas y por consiguiente el desarrollo de su liderazgo se ve frustrado.

¿En este tiempo de COVID-19 cuál es la guía para seguir con los jóvenes? Es importante recalcar que cada grupo es diferente, no se pueden aplicar las mismas técnicas para todos, pero si los mismos valores fundados en la Biblia. También se debe señalar que se necesitan ver dos perspectivas: el grupo juvenil es un ente en sí mismo que tiene personalidad, identidad y necesidades diferentes a otros grupos, aún dentro de la misma ciudad. La otra perspectiva es que el grupo juvenil es una suma de diferentes personalidades, identidades y necesidades. Así que es necesario satisfacer las carestías de distintas personas y a su vez satisfacer las necesidades de un grupo.

La necesidad de un individuo tiende a cambiar cuando se encuentra dentro de un grupo, su personalidad y decisiones son influenciadas por el grupo, y la mayoría de las ocasiones se interiorizan para hacerlas propias. Cuando uno de sus miembros deja de estar en el grupo sus necesidades y su personalidad vuelve a su estado original. Es ahí que se requiere de un liderazgo sabio, equilibrado y objetivo que tenga la capacidad de enfrentar esta problemática mediante la dirección del Espíritu Santo y el discernimiento con el fin de evitar la menor cantidad de equivocaciones.

La membrecía de adultos en las iglesias que crecieron desde niños da fe que por lo menos una vez en su vida asistieron a un campamento juvenil. Esta actividad se popularizo en las iglesias y fue una herramienta que funcionó, pero no logró su cometido total. En un alto porcentaje estas actividades solo fueron un entretenimiento juvenil que no causo un impacto trascendental en la vida de los jóvenes asistentes. A pesar de que Dios se manifestó en tales eventos y tocó vidas no continuó con el siguiente paso, un compromiso autentico con el Señor sirviendo en la comunidad de fe local bajo la directriz pastoral.

Estudios de investigación del comportamiento juvenil al interior de las iglesias locales descubrieron que el joven (entiendas hombres y mujeres) es impactado radicalmente por una figura de autoridad que muestre interés. Ser parte del liderazgo o asumirlo como tal no siempre es la receta ideal para que los jóvenes lo consideren una figura de autoridad. Es necesario que la vida de aquellos que sirven en este ministerio manifieste fruto reconocible por la congregación y por los jóvenes a quienes se les pretende dirigir. Aquella persona que logre ganar el respeto del grupo podrá desarrollar un programa efectivo que trastoque la vida del grupo juvenil.

Dentro del programa de trabajo de toda iglesia local debe existir un espacio de preparación exhaustiva. Se hace necesario acentuarlo en aquellos que asumirán el liderazgo de grupos juveniles porque el trato, el hablar y el relacionarse deben ser con tacto. Cada acción y comentario se interpretará e influirá enormemente en la vida de los jóvenes.

Nada sustituye a la guía del Espíritu Santo por ello es provechoso que sus líderes tomen talleres sobre los principales problemas en la juventud, el comportamiento que se da, la psicología del individuo en esta etapa y la espiritualidad que se debe generar grupal e individual en su entorno familiar, escolar y eclesiástico. Nunca debe verse el líder como una ayuda complementaria sino como una extensión pastoral.

Uno de los mayores retos en los grupos juveniles es ser justo, imparcial, saber escuchar y aconsejar. La forma más sencilla de ganarse a un joven es prestándole la mayor atención posible e interesarse en su problemática. Los grandes líderes juveniles que impactan su generación tienen el común denominador de que la maestra(o) de la escuela dominical fue atento a su situación infantil. Tuvo el tiempo de acercarse y logro ganar su corazón con el fin de conducirlo al Salvador. Su crecimiento y desarrollo fue marcado por este trato que lo llevo a desarrollar la misma premisa ahora con los jóvenes de la iglesia.

El mayor reto de un líder de jóvenes es determinar aprender del carácter y vida de Hur. Fue un personaje importante en la vida de Israel que junto con Aarón sostuvieron las manos de Moisés para que el pueblo ganara la batalla contra Amalec (Éx. 17).

No existe el registro bíblico que después de la victoria Hur haya recibido el pertinente reconocimiento público ante la nación por parte de Moisés. Un líder juvenil sirve para impulsar a los jóvenes que se le han conferido sin la intención de buscar reconocimiento.

La tarea del líder juvenil es impactar las vidas de los jóvenes con su vida, que sean inspirados por su carácter, que tengan la confianza de revelar su interior sabiendo de su discreción pastoral, que tenga la capacidad de producir paz en su entorno y que con absoluta paciencia escuche y guie al grupo y a cada uno de manera individual. Esta constancia de la búsqueda de su bienestar templará su vida y los preparará para aceptar cualquier desafío de servicio. Muchos que sirvieron viven frustrados porque no entendieron estos principios y acciones en su vida.

Ante el COVID-19 es necesario un liderazgo que promueva la unidad y unifique al grupo en una constante comunicación e interacción. De manera física es imposible, pero si a través de las redes sociales. Esta pandemia es una excelente oportunidad para desarrollar programas eficientes en los dispositivos electrónicos.

Así que los problemas propios del encierro obligatorio son una fuente inagotable para ministrar sus necesidades. Conducirlos a la fuente de Vida, a una intimidad con Dios plena es la respuesta. El COVID-19 es un excelente motivador para reconquistar el corazón de los jóvenes y que determinen ser determinados discípulos de Jesucristo dirigidos por un líder de impacto.

9
LA ACEDIA Y EL COVID-19

La acedia es un fenómeno espiritual a lo largo de toda la Patrística y la Edad Media que, luego de la modernidad, sufre una serie de transformaciones que la convierten en la melancolía o, en tiempos contemporáneos, en desórdenes depresivos. La complejidad espiritual y psicológica propia de la acedia que han desarrollado los monjes del desierto egipcio y sirio y, con ellos, la Patrística Oriental; es la radicalidad de la acedia en la espiritualidad de los Padres del Desierto en el siglo II. La acedia es el aprender a estar con uno mismo, a enfrentar su interioridad, a vivir consigo mismo. Hoy se tiene el temor de enfrentarse con uno mismo.

La sociedad post globalizada enfrenta el desafío de relaciones. La prioridad de estar con otros y la relación con el mundo virtual es la razón de vivir en la gran mayoría. La aparición de personas que viven de las relaciones virtuales es el común denominador del siglo XXI. Algunos anglicanismos los describen como los influencer (de influencia), personas que cuenta con cierta credibilidad sobre un tema concreto, y por su presencia e influencia en redes sociales puede llegar a convertirse en un prescriptor interesante para una marca.

Los youtuber son usuarios que comparten vídeos llamativos en la red social YouTube con el propósito de causar interés a la comunidad de seguidores de la que dispone y que ésta vaya en aumento. Se trata de un fenómeno en continuo crecimiento donde este tipo de usuarios tienen una gran capacidad para movilizar al público y generar reacciones. Acaban convirtiéndose muchos de ellos en personas de influencia.

Hay ejemplos para todos los sectores: maquilladores, juegos de video, humor y parodias entre otros. Varios son factores los que determinan el éxito de un yutubero: El contenido original y personal de los videos, la cercanía con su público y la promoción y publicidad.

Los facebookeros son clasificados en cuatro categorías: Primero están los constructores de relaciones. Este tipo de usuarios emplean la red social de Facebook para fortalecer sus relaciones interpersonales. Facebook se convierte en una herramienta de cercanía. Segundo, los voceros que en ingles son conocidos como los "town criers", este tipo de usuarios se dedican a informar lo que les ocurre y ofrecen información sobre eventos, aunque prefieren mantener sus relaciones a través de otros medios.

Tercero, los selfies, son las personas que casi diariamente publican fotografías o videos de sí mismos. Su perfil es actualizado continuamente con videos, imágenes y estados. Su objetivo es obtener atención buscando obtener más likes, es decir, reacciones y comentarios hacia ellos de otros. Cuarto, los windows shoppers (compradores de aparadores). Estos entran a Facebook únicamente a observar lo que hacen los demás. No comparten nada solo experimentan la necesidad de estar en Facebook.

Los twiteros o tuitueros son aquellas personas que regularmente envían mensajes o comentan noticias por medio de la plataforma Twitter. Se ha usado para una variedad de propósitos. Por ejemplo, se usó para organizar protestas, desobediencia civil, intercambio de opiniones, entrevistas a deportistas, políticos o médicos, debates políticos y sociales. En el ámbito científico se ha difundido artículos científicos y promover la conexión entre profesionales, así como un uso creciente en congresos. El twitero ha usado la plataforma para convertirse en una amplia influencia mundial.

El TikTokers es un creador de contenido en la red social Tiktok, caracterizado por ser una celebridad en la misma y contar con un gran número de seguidores. Los usuarios consumen videos de segundos por lo que los Tiktoker deben ser capaces de condensar su contenido en un espacio de tiempo muy reducido. Los millones de usuarios en todo el mundo y los más populares se han convertido en verdaderos influencers que generan grandes cantidades de dinero y han hecho de esta red social su lugar de trabajo. Un tiktoker exitoso requiere constancia ya que esta red social consume una gran cantidad de contenido y los usuarios exigen que por lo menos una publicación diaria.

Por ello el tiktoker debe ser creativo y original al crear los videos y tener la capacidad de síntesis para condensarlos en pocos segundos. Para esta red la música tiene mucha importancia de forma que habilidades como cantar, bailar o hacer lipsync (sincronía de labios) son fundamentales.

Los instagrammers se desenvuelven en la red social Instagram compartiendo publicaciones, fotos ya sea permanentes o de corta duración, intercambian mensajes y mantienen contacto con sus círculos sociales. La red se ha convertido en un espacio para profesionales de marketing digital. La aplicación es, al mismo tiempo, un reflejo y un catalizador de características centrales de la sociedad contemporánea: conexión, velocidad, vanidad y nuevos nichos de mercado. Los instagrammers divulgan marcas, ideas y estilos de vida y se muestran como una nueva y prometedora profesión.

Toda esta vorágine de relación, búsqueda de aceptación y reconocimiento choca con la acedia, el encuentro con uno mismo; el aprender a vivir con equilibrio interior, salud mental y armonía espiritual que se encuentra en la cercanía con uno mismo. Ahora estos miles de millones de influencer deben enfrentarse a la realidad de que sus seguidores están más preocupados por sobrevivir que por dar un like a las publicaciones. Muchos de los influencer han perdido seguidores, dinero y los ha llevado a la depresión. La nula relación de la sociedad consumista no los preparó para enfrentar este confinamiento.

Y es precisamente este tiempo de reclusión que la espiritualidad debe aflorar al tener un encuentro con nuestro interior, la retrospección, el auto análisis ayuda a descubrir esos elementos y emociones inadecuadas que impiden un crecimiento y madurez optimo del ser humano. Los salmos describen tiempos de autoevaluación en el silencio, en la quietud, en la soledad, en la intimidad con Dios; una introspección. En este proceso la persona se encuentra con su Creador y alcanza un nivel de espiritualidad transformadora.

10
LA PREDICACIÓN BÍBLICA Y EL COVID-19

La sensatez hace que no caigamos en el populismo religioso de caer en la trampa de *obedecer antes a Dios que a los hombres*. La pobre exégesis que algunos tienen de pasajes bíblicos describe la existencia de que muchos viven más un fanatismo religioso que una devoción fervorosa. La prohibición de congregarse no es impedir predicar, sino impedir que muchos mueran por negligencia.

Los cambios drásticos que está enfrentando la población mundial por causa del covid-19 tiene la intención de evitar la aglomeración. Teatros, museos, restaurantes, cines, bares, estadios, escuelas y templos están cerrados por el temor que infunde el covid-19. Muchos creyentes se refugian en su fe, pero los servicios en los templos han dejado de realizarse. Todos los servicios litúrgicos se han suspendido, nadie puede asistir a los lugares de culto público.

A partir de la segunda fase los servicios religiosos fueron suspendidos y templos cerrados con el propósito de que las aglomeraciones no sean foco de contagio. Ahora las iglesias cristianas están haciendo uso de las redes sociales trasmitiendo sus momentos de alabanza, adoración, oración y predicación de la Palabra de Dios. El ministerio pastoral y eclesiástico se está llevando a cabo porque se ha entendido que *la palabra de Dios no está presa*.

Las últimas semanas se han visto cambios tan rápidos en cada país del mundo que a menudo es difícil mantenerse al día. Para los predicadores, el contexto de su ministerio es radicalmente diferente de lo que fue en los primeros dos meses del año 2020. A pesar de ello cada pastor debe continuar predicando la Palabra de Dios, incluso en tiempos de COVID-19.

Como el pastor D. Martyn Lloyd-Jones que continuó predicando su sermón aun cuando los nazis habían bombardeado el techo de la iglesia a mitad del servicio. En esta pandemia los pastores son responsables de continuar predicando y ayudar a los oyentes a pensar bíblicamente sobre el COVID-19, sus posibles amenazas y las promesas que Dios hace.

Todos están predicando de manera diferente de como lo realizaron con el primer sermón del año 2020. Todos los días se exige dar mensajes cambiantes en la propia ciudad, estado o país por la naturaleza de esta pandemia. Con todas las noticias que aparecen diariamente es muy importante que los predicadores recuerden el mensaje que proclaman.

Es importante que al predicar no den un paso atrás en su mensaje central: Cristo. Tomar tiempo para considerar el mensaje bíblico, así como temas claves de la fe que parecen particularmente pertinentes en este momento; no perder el camino no solo como predicadores, sino como cristianos.

Ahora el predicador debe entrar a todas las redes posibles y predicar la palabra para confrontar el miedo que se ha generado. Los medios de comunicación han convertido a muchas personas en una paranoia sobre el coronavirus. Parte de ese miedo está justificado y parte produce un exceso de ansiedad que duele más de lo que ayuda. Como predicador, puede abordar este pánico apelando a las promesas de Dios que enfrentan el miedo.

La Biblia habla al corazón para que no se tenga miedo, llama a las personas para que tengan una mente sobria, atiendan sus vidas diarias y practiquen la higiene preventiva. Incluso para aquellos que optan por la cuarentena, esta decisión no debe ser por miedo sino por cuidado personal y colectivo.

La predicación debe conducir a los oyentes a un estado de paz y confianza. Es muy fácil pensar mucho en el miedo, y no mucho en la fe. Pero las Escrituras llaman no solo a ser audaces, sino a creer audazmente en medio de la crisis (Sal. 23:4). El COVID-19 puede quitar la vida, pero no la fe, la esperanza, la salvación y nunca destruirá la Iglesia.

En este tiempo de crisis puede ser tentador aislarse a tal punto de transformarse en un ermitaño. Se debe exponer la palabra por todos los medios sin exponerse a riesgo de contagio. ¿Cuál es el mensaje de Dios en este tiempo? Que él se preocupa por la higiene y la obediencia más de lo que pensamos. Dios quiere vivos a sus hijos el mayor tiempo posible para que pueda usarlos. Esto no garantiza que no sufrirán catástrofe y muerte; significa que Dios tiene el tiempo de sus hijos en sus manos.

Las últimas semanas han sido intensas para todos los predicadores, evangelistas itinerantes, conferencistas porque los templos están cerrados. A pesar de ello la predicación sigue haciendo el llamado a las personas para seguir a Jesucristo. Los predicadores son personas altamente responsables y con un alto sentido de vocación y propósito.

En este tiempo es inevitable que los predicadores enfrenten los límites, la accesibilidad y la responsabilidad de la predicación. Urge que la Palabra de Dios siga cuidando y nutriendo la vida de la iglesia, y los pecadores escuchen las buenas nuevas de salvación.

Uno de los principios rectores de cada predicador del evangelio es que el ministerio proviene de su propia vida con Dios. Como predicadores es vital que hagan espacio para cuidarse en medio de esta temporada de tensión. Ser miembro de una organización eclesiástica a menudo se trabaja con miembros del personal que se desenvuelven en un contexto de estrés crónico agotador. Al trabajar en ese estado tienen poco que ofrecer y constantemente se dañan a sí mismos.

La predicación se encuentra en un tiempo sin precedentes que hace eco de ese tipo de contextos de varias maneras. Incluso cuando el predicador da su vida y sirve a los demás debe recordar diariamente que no es el Mesías. Si bien Dios es Omnipresente, el predicador no puede estar en todas partes. Si bien Dios no tiene límites, diariamente el predicador debe reconocer sus límites.

Aun cuando está presente el mensaje central, es evidente que se necesita cambiar la forma en que se predica en este tiempo. El predicado ha pasado de estar ante un auditorio lleno a estar frente a un monitor en una sala vacía predicando a un auditorio virtual. Ante esta situación el predicador debe considerar múltiples fases de este cambio. Es tan vital como siempre predicar la Palabra a la congregación virtual y a cualquiera de los que estén escuchando.

A medida que se desarrolla el ministerio de la predicación es importante recordar que cada predicador es como Felipe y Andrés cuando un grupo de personas solicitaron ver a Jesús. Felipe y Andrés solo condujeron a las personas a Jesús (Jn. 12:20-22). En este tiempo de cambio y dificultad los predicadores y pastores deben adquirir la fuerza porque el ministerio de la predicación que nace de la relación de su propia vida con Dios.

Ningún predicador puede ignorar la situación del COVID-19. La gente debe encontrar su vida y en su sermón que algunos serán afectados por el coronavirus. La predicación debe señalar que la pandemia es un ejemplo del pecado. Nadie es inmune al pecado, no perdona ni a los bebés, pero el pecado ya tiene la cura en el evangelio de Jesucristo.

La predicación debe puntualizar que la pandemia es utilizada por el diablo para erosionar la fe y esta es una realidad con la que tendrá que lidiar. Esta amenaza invisible acecha en cada manija de puerta y en cada tos. Abunda un sentimiento general de incertidumbre, y la ansiedad va a aumentar. Es el lugar de recreo para el diablo en su tarea principal: la destrucción de la fe.

Jesucristo a quien proclama la predicación bíblica conoció de primera mano la enfermedad y la muerte para que pueda acompañarnos en este tiempo de prueba. No es un ancla solo para aguas tranquilas; Él se mantiene firme, no importa cuánto golpeen las olas. La responsabilidad de la predicación en este momento es enseñar a las personas que incluso y especialmente en esta crisis, Jesús es su roca sólida. Predicar el pleno consejo de Dios, aplicando la palabra del Señor a los corazones y las mentes de sus hijos en todas las situaciones de vida. En este tiempo de oscuridad la palabra predicada es bálsamo.

11
PROCRASTINACIÓN Y EL COVID-19

La Real Academia de la Lengua Española define la palabra procrastinación como una voz creada en su origen a partir del adverbio «cras» que implica 'mañana y/o el día siguiente', del cual «procrastinar» toma su significado de 'dejar para mañana, posponer o aplazar'. Creer que las recientes restricciones debido a la pandemia global que ha forzado el resguardo hogareño ayudan a desarrollar y concluir todos los proyectos y actividades que han estado a la espera es una falacia. Creer que mientras las personas se adaptan a este nuevo estilo de vida de encierro disminuirá la procrastinación es irreal. Por el contrario, nada se concluye, se sigue dejando todo para después.

Uno de los problemas del ser humano en la era de la tecnología es la falta de persistencia en las actividades y el quehacer humano. La procrastinación se extiende a diferentes áreas de la vida: en las relaciones, el desarrollo del trabajo, las actividades de bienestar propio y aún en los pasatiempos. Constantemente cambiamos de hobbies por la intensa búsqueda de satisfacción. Se ha definido la satisfacción como un estado del cerebro producido por una mayor o menor optimización de la retroalimentación cerebral, en donde las diferentes regiones compensan su potencial energético, dando la sensación de plenitud e inapetencia extrema.

La satisfacción en nimiedades es el principal responsable que hace al individuo aplazar los objetivos y dejarlos para después. Las tareas y actividades que se dejan de lado siempre traen consigo cansancio, estrés y frustración, aunque suele ser en un grado no tan alto. Se desvía la atención hacia posibles consecuencias y se prefiere las sensaciones superfluas de satisfacción y placer que esconden la necesidad de atención.

Abraham Maslow crea una pirámide de necesidades comenzando por las necesidades fisiológicas. En uno de sus peldaños detalla que es imprescindible satisfacer la necesidad de pertenencia, es decir, de reconocimiento y aceptación por parte de un grupo. Este punto se vuelve relevante en la vida de una persona cuando percibe que puede ser el centro de atención. Esta atención activa en el cerebro y en las mismas zonas cuando se ingiere algún tipo de droga. Esto hace a la persona adicta a la atención. El individuo, hombre o mujer, gastar su tiempo en esto porque es barato y fácil, es la droga más sencilla de acceder y a mediano plazo genera un caos en su vida.

La adicción a cualquier elemento genera desorden en la vida cotidiana. Por ejemplo, la productividad de las empresas decayó en la medida en que los smarthphons ganaron terreno en la sociedad. La conectividad con el mundo generó una ola de nuevos trabajos como los influencers. Personajes que en las redes sociales adquirieron notoriedad por sus videos, opiniones, críticas que en el fondo escondieron la necesidad de llamar la atención.

Este fenómeno como otros penetró la esfera eclesiástica dando lugar a cristianos que están más preocupados en los derechos de la comunidad gay, el medio ambiente, la defensa de la vida animal como los perros y los derechos de la gente de color que en la auténtica vida cristiana y en una absoluta obediencia a las Escrituras.

Se debate si es correcto respetar los argumentos de un escritor reconocido, de un grupo musical, de un artista, de un predicador o de un pastor que maneja a cientos de personas en su iglesia. Se argumenta que estas personas son de renombre por sus logros, que su audiencia avala su éxito y que son garantes de la verdad. Estos han conquistado el mundo, pero en la intimidad no se han conquistado a sí mismos. Manifiestan grandes dotes y talentos, pero el fruto del Espíritu Santo está ausente en sus vidas.

El éxito que se les entrega a otros en el entorno ministerial y eclesiástico de manera equivocada se piensa que es por causa de su vida espiritual ferviente, pero en realidad el éxito se ha perseguido por la urgente necesidad de atención y reconocimiento. Como se ha señalado es una droga y cuando se alcanza la cúspide la sensación de vacío es bestial; por ello muchos terminan suicidándose. Surgen los cuestionamientos que nunca terminan: ¿Acaso no era cristiano? ¿Tenía algún pecado oculto? ¿Le falto oración y ayuno? Realmente dejaron para otra ocasión lo primario: la comunión autentica Jesucristo.

Dejar a un lado lo importante, la mayoría de las veces se debe a la búsqueda de la satisfacción instantánea e inmediata. Vivimos en la época donde la tecnología está a la mano y con un click las necesidades psicológicas son satisfechas dejando de lado la fuente que tiene el poder de dar la sanidad que la persona necesita. Cierto autor señaló que los adultos mayores de treinta años se pasan la vida manipulando sus Xbox viendo la pantalla y cuando llegan a los cuarenta manipulan sus órganos sexuales viendo pornografía; sin importar que estén casados. Dejar para otro día las responsabilidades es caer en estos desvíos.

¿Qué impacto tiene la procrastinación en el ministerio? La falta de atención a la tarea ministerial traerá ruina y todo aquel que anteponga cumplir el ministerio terminará en profundo dolor y soledad. Puede lograr desarrollar una empresa reconocida, forjar un nombre que sobresalga de los demás, adquirir títulos y reconocimientos; si lo hace para alcanzar atención experimentara insatisfacción. Lo único que manifestó es que era un adicto más, que cambió la experiencia relacional con su Creador por una sensación placentera momentánea que no tiene saciedad.

Dejar de lado a Dios, al ministerio, a la familia y a su persona por satisfacer sus deseos es egolatría. Esta actividad es ampliamente aceptada e impulsada por la sociedad que deforma y degenera al ministro a tal grado que se presentan ante la iglesia para ser tratados como rockstar.

El COVID-19 ha desnudado a estas pobres criaturas lujuriosas del púlpito que prefieren un like adictivo que una comunión intima con el Altísimo, un chat degradante que una oración intima, un whatsapp superficial que una lectura profunda de las Escrituras, una video llamada obscena que una comunicación saludable con su conyugue, un inbox sucio y perverso que un escrito que eleve la estima de sus hijos, un correo electrónico que esconde sus más bajas pasiones que estar en el altar para alcanzar el perdón y la restauración.

En el pasado la iglesia y el ministerio confrontaban los pecados del alcoholismo, la fornicación, la violencia intrafamiliar, el adulterio y la drogadicción entre otros. Pero en la era digital cuando la presión social es aún mayor y la satisfacción inmediata, cuesta ir contra la corriente y se deja de confrontar para ser políticamente correcto, aceptado, y reconocido. El mensaje se diluye y el poder decae dando paso a pecados más detestables que son tolerados al interior de la iglesia.

En este momento de covid-19 lo que más se tiene es tiempo y es urgente reconstruir la relación con el que ha llamado al ministerio, pasar más tiempo a su lado y en la quietud y el silencio aprender a escucharlo. Dedicarse a saber su voluntad en las páginas de la Biblia, entender el sendero que se debe tomar para desarrollar con mayor efectividad el ministerio y responder ante la tarea que se exige.

12
LA MUERTE Y COVID-19

El polifacético pastor, escritor y conferencista Daniel de los Reyes escribe en sus redes sociales "La gente ha pedido muerte. Muerte en el vientre. Levantan altar a la muerte. Muerte al matrimonio. Muerte al género original. ¿Cómo queremos escapar hoy de la muerte? Tenemos que arrepentirnos y venir a Dios. La nación entera tenemos que pedir perdón y volvernos a la Palabra de Dios".

Pero la Iglesia ha sufrido un golpe por la muerte en el liderazgo pastoral de forma profunda y dolorosa. Como ejemplo, los informes de los primeros meses al menos treinta ministros en el área de New York muriendo por el COVID-19. Las estadísticas se elevan aún más por la muerte de creyentes.

Esta pandemia declarada oficialmente por la Organización Mundial de la Salud hasta el 11 de marzo del 2020 tiene casi seis millones de infectados con una mortandad de 365,251 mil personas hasta mayo del 2020 y el número aumenta diariamente infectando a más de 188 países. En estos tiempos de temor e incertidumbre la Iglesia debe afianzarse en Dios con mayor determinación como cuando lo hacía en tiempos de alegría y celebración. Los seguidores de Jesús de Nazaret deben unirse como un cuerpo en el mundo para interceder para que el corazón de amor, misericordia y verdad de Dios habite en cada comunidad de fe del mundo y les muestre cómo enfrentar los desafíos que plantea el COVID-19.

El mundo está bajo la hoz de este virus que diariamente cosecha vidas inmisericordemente. Para muchos esta realidad es demasiado cercana. Padres, esposos e hijos ha muerto durante este tiempo de crisis y distanciamiento social. Pastorear y ministrar en este tiempo a las familias que han experimentado la pérdida no es fácil.

Cuando un miembro de familia muere repentinamente la conmoción y la incredulidad que sufren los demás es abrumadora y se vuelve más intenso si le es imposible estar a su lado. La frustración, el dolor, la culpa y el enojo agobian por no tener la posibilidad de decir adiós de la forma común porque las limitaciones y restricciones actuales no permiten celebrar un funeral de la manera normal.

El shock es a menudo la primera respuesta del cuerpo a las noticias de muerte súbita. Todo parece surrealista; se opera en piloto automático porque las emociones y respuestas normales están paralizadas. A medida que comienzan a comprender lo que sucedió se experimenta una asombrosa variedad de emociones.

Se entra en crisis, la imaginación tiene el poder de alborotarse mientras se trata de imaginar la atención que le dieron a su familiar y cómo sufrió, particularmente si murieron sin alguien a su lado. Aunque lo que sucedió ciertamente no es culpa de la familia y no hay nada que se pueda hacer, aun así, se culpan a sí mismos, sintiendo como si hubieran fallado en su papel de proteger, nutrir y hacer acciones correctas.

Los deudos pueden resentir con la idea de que su familiar es una de las estadísticas citadas con frecuencia, cuando en realidad son mucho más. Dependiendo de su edad: niño, adolescente, joven, adulto joven, adulto o anciano, en la óptica de la familia vivía una vida plena; era único, con sus propios intereses, personalidad y talentos. Tenían sus gustos y disgustos en la música, la comida y la moda, tenían sueños y expectativas, y toda su familia tenía la esperanza de cómo se desarrollaría su vida. El aplastamiento de estas esperanzas trae un profundo dolor.

No sorprende que en estas circunstancias se encuentren tristes, sin concentración, exhaustos, desesperados, confundidos o enojados, y muy probablemente una combinación de todas estas emociones. Tal dolor puede traer consigo una abrumadora sensación de impotencia. Aquellos que son personas de fe pueden ser severamente probados y más aún si tienen familiares sobrevivientes se pueden sentir preocupados por su bienestar.

No hay información de una vacuna en contra del COVID-19 en este momento; las noticias de posibles tratamientos o de aquellos que se han recuperado pueden llevar a sentir resentimiento en los deudos. La vida normal de todo ser humano ya ha sido interrumpida por restricciones sociales.

El duelo en este momento de separación social significa que la familia y amigos cercanos de quienes se puede esperar reunirse alrededor no están disponibles. En particular, si no se vive en matrimonio, se experimentan sentimientos desesperados al verse en soledad y dolor. El dolor inmediato es crudo y con el tiempo se vuelve más manejable cuando la persona determina entregar sus emociones al Dios de toda gracia.

Es posible sobrevivir y vivir con la pérdida, en especial los padres. Estos están acostumbrados a cuidar a los demás, pero en esta ocasión deben permitirse cuidarse. Encontrar una salida a sus pensamientos y sentimientos es esencial. El apoyo de amigos cercanos o familiares por las redes sociales no es tan bueno como tenerlos en la misma habitación, pero puede ser mejor que nada. Enfrentar el dolor requiere valor. Los dolientes necesitan hablar sobre la vida de sus amados y las circunstancias de su muerte.

Hay buenos recuerdos para compartir, aunque al principio el dolor de su fallecimiento, la devastación de los sueños no cumplidos y las esperanzas destrozadas pueden llenar sus pensamientos. Hablar con otros es un apoyo muy útil a este respecto. Realmente ayuda saber que, por terrible que sea esta situación, no tiene que sufrir solo.

Escribir puede ser una salida útil y creativa para las emociones conflictivas y confusas; es una forma segura de expresarse. No importa si comparte sus escritos o si permanecen privados. El ejercicio físico, aunque limitado durante las restricciones actuales, también puede ser una salida segura para las emociones dolorosas. Puede proporcionar enfoque y control, aunque solo sea mientras lo realiza. El ejercicio suave ayuda a la relajación, mientras que el ejercicio vigoroso puede ser una forma de expresar enojo y terminar más tranquilo. Nunca debe sentirse obligado a estar ocupado cuando el corazón está roto por la pérdida.

Es difícil ver que el mundo continúe como de costumbre, mientras se extraña al ser amado que partió; la familia está incompleta. Para los deudos es importante tomar acciones que ayuden a mantener viva la memoria de aquellos que partieron. Esto podría ser desde algo simple, como ordenar fotos o escuchar su música favorita, hasta actividades más elaboradas, como crear un sitio web conmemorativo o plantar en un rincón del jardín en su memoria una planta o un árbol. Este tipo de actividad puede ayudar a adaptarse lentamente a la realidad de su pérdida.

Aunque se puede aprender de las experiencias de otros, en algunos aspectos cada uno necesita encontrar su propio camino a través de su dolor en la Palabra de Dios y en la comunión del Espíritu Santo. La fe en Cristo es un apoyo inconmensurable, la Biblia enriquece el alma en tiempos de dolor y trae consuelo. La comunión con la iglesia, la predicación pastoral, la oración comunitaria y las relaciones eclesiásticas en las redes sociales ayudan a enfrentar el dolor de la pérdida del ser amado.

En Cristo es un proceso menos difícil y más edificante ya que su compañía sostiene en estos tiempos aciagos. La espiritualidad se manifiesta en la seguridad del acompañamiento divino en este trance complicado trayendo paz. El dolor deja de ser poderoso y mengua para dar lugar a la tranquilidad del poderoso Espíritu de Dios que toma con poder las emociones y el corazón lastimado. Es un bálsamo que sana y genera absoluta paz.

Nunca se es el mismo después de enfrentar la pérdida de un ser amado que lleva la misma sangre como los padres, hermanos o hijos; ni lo será cuando se pierde al conyugue. Toma muchos meses y en algunos años alcanzar la absoluta paz. Se hace necesario que con la Palabra de Dios se tejan las experiencias de vida para poder encontrar la nueva normalidad. En Jesucristo la muerte afecta y aunque haya cambiado la vida se puede encontrar una perspectiva diferente sobre lo sentimientos y el futuro.

Cada persona es invitada a experimentar una espiritualidad bíblica que le ayude a transitar por el *valle de las sombras y de la muerte* sin temor. Tendrá la capacidad de vivir de manera que emule las acciones de los que partieron como reconocimiento a sus vidas. Para aquellos que fueron conducidos al evangelio de niños por sus padres o abuelos tendrán el desafío de continuar con las tareas eclesiásticas y de servicio que llevaron a cabo en vida. Este será el monumento que erigirán en su memoria.

Enfrentar la muerte en Cristo da la promesa de que aquellos que han partido le esperan en las mansiones eternas porque la promesa de Jesús de Nazaret es vigente: *el que creé en mí, aunque esté muerto, vivirá.* La terrible crudeza del dolor deja de tener fuerza, lo que permanece intacto es nuestro vínculo de amor con aquellos que partieron descansa en la promesa de Jesucristo.

Así se enfrenta la vida y la muerte que no gobierna en temor, por las circunstancias o la zozobra, sino en la esperanza de la Palabra y en la seguridad de las promesas bíblicas. Se despide de sus amados sin culpa y se vive en la seguridad de que pronto los volverá a encontrar y entonces *toda lágrima será secada.*

13
CUIDADO PASTORAL Y EL COVID-19

La pandemia del COVID-19 ha afectado a todo el mundo espiritual, emocional y financieramente. Pero dirigir una iglesia durante estos tiempos críticos es una tarea doblemente difícil. Parte de la responsabilidad del equipo de liderazgo de la iglesia es cuidar a los miembros de su comunidad cuando sus vidas se ven amenazadas por este virus. Rara vez los ministros de la Iglesia se han enfrentado a la tarea de guiar a cada uno de sus miembros a través de una crisis que golpea en el corazón mismo de su bienestar físico y financiero.

Los ministros tienen tareas como cuidar personas en estado de crisis, la expectativa de trabajar horas extras, conservar la iglesia físicamente saludable, mantener solvente a la iglesia cuando los modelos clásicos de recaudación de fondos ya no funcionan, pastorear a personas que han perdido seres queridos que no pudieron tener un funeral normal, producir un evento completo de transmisión en vivo de una hora cada semana como mínimo, intentar mantener funcionando a la iglesia con la normalidad en todos los demás aspectos y manejar el estrés de covid-19 en sus propias vidas, familia, amigos y finanzas. Estas responsabilidades afectarán incluso la mejor resistencia.

Debido a esto, es importante que los líderes de la iglesia se cuiden durante el COVID-19 tanto como cualquier otro ser humano. Solo porque tiene un llamado divino en su vida para cuidar de la iglesia no significa que es sobrehumano. Dios creó a todo ser humano con límites; así fue el diseño. Debido a esto, es importante pensar de manera excelente acerca de cómo cumplir el llamado especial de Dios para cuidar a la iglesia sin descuidar su llamado a cuidarse a sí mismo.

La tarea del ministro es mantener el hábito de orar y la lectura de las Escrituras. Nunca se está por encima de la necesidad de depender de Dios. La forma en que confía es pedirle fuerza y leer su Palabra. Incluso Jesús necesitó tomar un descanso del ministerio para pasar tiempo con el Padre (Mr. 1:35).

La promesa de la presencia de Dios con sus ministros y que él los escucha está expresada claramente por Juan: *Esta es la confianza que tenemos al acercarnos a Dios: que si pedimos algo de acuerdo con su voluntad, él nos escucha* (1 Jn. 5:14). La forma en saber cuál es la voluntad de Dios y, por lo tanto, cómo orar de tal manera que satisfaga sus necesidades espirituales está en la Biblia (2 Ti. 3:16, 17).

Es fácil presentar hasta el final en la lista de responsabilidades la lectura bíblica señalando la falta de tiempo, pero es ahora cuando más tiempo se tiene. Ningún ministro puede darse el lujo de mantener el mal hábito de postergar su encuentro personal con las Escrituras; especialmente porque lleva la pesada carga de este tiempo de dirigir una iglesia en la que cada miembro está en un estado de crisis en un grado u otro.

Uno de los mayores estresores invisibles de las órdenes de quedarse en casa del país ha sido el aislamiento que muchos han experimentado. Los pastores, como todas las personas, necesitan una comunidad física en sus vidas. Si no puede reunirse con otros en persona debido a factores de riesgo, es aún más importante apoyarse en la comunidad de la iglesia. La comunidad a veces puede ser incómoda, puede sentirse vulnerable acercarse a alguien solo para saludar. Pero en esta temporada de aislamiento extremo, es más necesario que nunca, en aras de su propia esperanza, aliento, amor y servicio a la iglesia, pedir ayuda a otros.

Mientras cuida a las personas en crisis debe enseñar que no está disponible las veinticuatro horas del día, los siete días de la semana; no está obligado a exponerse a congregantes infectados. El hecho de que sea pastor no significa que está obligado a ser el terapeuta personal de cada miembro de la congregación.

Los creyentes siempre han pedido a los pastores que cambien su ministerio para acomodarse a sus deseos personales. Por ello es importante que reclute a los miembros de la iglesia para que se apoyen unos a otros durante este momento difícil, facilite catalizar las relaciones a través de la administración y dedique el tiempo a esas tareas con el mayor rendimiento para el bienestar general de toda la iglesia.

La importancia de manejar al personal estresado con tacto a pesar de que muchos están desempleados involuntariamente durante esta temporada aunado a que muchos están considerando dejar su trabajo en este momento.

Aquellos que luchan con enfermedades emocionales pueden experimentar experiencias de estrés aún más profundas durante esta pandemia. Por esa razón, es importante entender que el personal de la iglesia puede tener un rendimiento inferior durante este tiempo.

El COVID-19 de ninguna manera representa una productividad normal en sí misma, es necesario reconocer que una mayor demanda de cuidado pastoral en la iglesia no corresponde automáticamente con una mayor capacidad de trabajo entre el personal y los voluntarios.

Es importante comunicar al personal de la iglesia que tiene la libertad de tener un rendimiento inferior durante este tiempo. Este no es el momento adecuado para acabar con la productividad; puede terminar afectando su fuerza laboral. El pastor debe dar oportunidad de seguir su ejemplo en el cuidado personal al establecer un ritmo de servicio más lento.

Asegúrese de no crear una carga indebida para ellos durante un tiempo en que ya están sobrecargados. Ante el personal el pastor debe presentarse como ejemplo de esperanza y valor en medio de esta circunstancia aterradora. Esto minimizará la posibilidad de conflictos indebidos en la iglesia y en consecuencia también facilitará su vida.

Debe mantenerse físicamente saludable como prioridad. No solo tiene la tarea de usar su cuerpo para la gloria de Dios durante la vida normal, sino que también está en una temporada en la que es sumamente importante mitigar los factores de riesgo de infección fortaleciendo su sistema inmunológico. Esto significa que, por tentador que sea perderse en una serie televisiva puede ayudarle de maneras más importantes cocinar y ejercitarse.

Otra situación que experimenta es lo fácil que es descuidar a su familia durante este tiempo; olvidar que son un recurso de aliento y amor para el pastor que necesita ahora más que nunca. Debe asegurarse de no perder de vista a su familia, sus necesidades y su valor para él durante este tiempo.

Debe ser paciente consigo mismo; protegerse proactivamente contra el perfeccionismo. Rápidamente corroerá su resistencia al fracaso, de lo que sin duda habrá abundancia durante esta temporada. No tiene que ser perfecto, no siempre tiene que ser la persona más fuerte de la iglesia. Puede tener sus propios momentos cuando el estrés se convierte en agobio emocional y agotamiento.

La gracia de Dios se perfecciona, no a través de sus capacidades, sino a través de la dependencia de su poder cuando somos débiles. Y rara vez ha habido una temporada en la que tantos líderes de la iglesia se hayan sentido tan débiles como ahora.

El ministro debe tomar su responsabilidad con sabiduría; debe preocupas por él mismo durante esta situación complicada; de no hacerlo estará perjudicando a su propia iglesia. Ellos necesitan que sea un líder que de todo lo posible para servir en este momento. La fortaleza de Dios se perfeccionará a través de su humilde aceptación de los límites que Dios diseñó para la vida humana.

14
QUÉDATE EN CASA Y EL COVID-19

En esta pandemia mundial el llamado es "quédate en casa" y el gobierno lo ha aplicado en cada nación. Quédate en casa dice el futbolista en su casa de 800 metros cuadrados y su amplísimo jardín. Quédate en casa dice la señora mientras recibe su despensa comprada con su tarjeta de crédito. Quédate en casa dice el gobierno desde la comodidad de los recintos presidenciales. Quédate en casa expresa el empresario desde sus propiedades privadas que cuentan en abundancia con todo. Todos los servidores públicos instan a la población para que no salga de su hogar.

Se oye bien, afuera hay una pandemia, un virus que mata a la gente, un virus que se contagia con el saludo o la cercanía entre personas. Quedarse en casa es una prioridad, es una necesidad; si quieres vivir no te arriesgues a contagiarte, no salgas, es necesario resguardarse. Pero esta cuarentena está diseñada exactamente al revés de lo que las cuarentenas dictan.

Aquellos que están en cuarentena son los que están infectados y es necesario recluirlos para que no infectar a otros. Él quédate en casa es necesario para asegurar que la población mundial no contraiga el virus y muera. Es necesaria para contener la pandemia y evitar que los hospitales se llenen, es necesario para que la economía no se desplome y los países entren en crisis. Él quédate en casa es necesario para mantener el estatus de la población en cada país.

La estrategia de los gobiernos en base a su visión económica dicta qué toda la población de su país se verá obligada permanecer en su casa y sólo aquellos que su trabajo sea esencial para el desarrollo del país puedan salir a trabajar. De hecho, es una obligación para el sector salud salir a trabajar, el resto debe quedarse en casa.

Los famosos y estrellas de televisión desde sus mansiones y la comunidad de su economía gritan al mundo que se quede en casa, pero no entienden la realidad en la que vive más del 80% de la población mundial.

Es fácil quedarse en casa sí tengo una pantalla de plasma de más de cincuenta pulgadas, sí tengo un refrigerador y un congelador lleno de comida, si puedo salir a mi jardín y jugar con mi perro, si tengo suscripción a Netflix, si tengo los diferentes juegos de vídeo para matar el tiempo. Así es muy fácil quedarme en casa. Sí se termina el alimento de la despensa lo único que se debe hacer es llamar para ordenar más y lo traen hasta la comodidad del hogar. Así es fácil quedarse en casa para los que han amasado grandes fortunas, para la élite política, para la élite del espectáculo, incluso es fácil quedarse en casa para las estrellas deportivas, los cantantes, los empresarios y todos aquellos que tienen privilegios y una economía por de más holgada.

No se le puede decir quédate en casa al jornalero que al no trabajar ese día no come. No se le puede decir quédate en casa al que vive en una casa pequeña. Cómo decirle al niño que vive violencia intrafamiliar que se quede en casa. Cómo explicar a la jefa de familia que no puede salir a trabajar para llevarles pan a sus hijos que no tienen que comer para el siguiente día. Cómo pedir que se quede en casa al padre de familia que vive en una casa de cartón dónde el frío entra para meterse en los huesos.

Cómo decir que se quede en casa al niño que no va a la escuela porque tiene que trabajar y tiene tres hermanos que también necesitan comer. Cómo decir que se quede en casa al hombre mayor que empaca los productos en bolsas del supermercado y lo que recibe es su único sustento para comer. Cómo decir quede en casa al cuidador de autos en los estacionamientos y al mesero que viven de las propinas. Cómo decir quede en casa al agricultor qué invirtió todo su dinero en la cosecha de este año y debe salir a atender el campo.

La mayoría de los habitantes de cada país tiene que elegir una de dos muertes: morir en su casa de hambre o morir contagiado por el virus. El problema no es la desobediencia al gobierno, sino que no hay forma de obedecer por hambre. El problema es que, aunque se conocen las medidas sanitarias no hay el recurso para comprar lo necesario. El problema es que la gente tiene hambre y los gobiernos no están dispuestos o no tienen para proveer los alimentos necesarios para toda la población.

Con estos señalamientos no se pretende una insurrección, pero es imposible evitar que la mayoría se quede en casa porque necesita salir a buscar su sustento. En toda América Latina el problema no es el grosor de la población sino la estructura financiera de cada país.

La estructura económica de Europa y Estados Unidos que ha sustentado la fuerza laboral permite enviar cheques a sus trabajadores en todos los ámbitos para que no tengan problema en la compra de alimentos. Pero en Latinoamérica se manejan estructuras diferentes dónde la fuerza laboral no tiene un soporte económico estructurado. Las pequeñas y medianas empresas en las primeras semanas de la pandemia quebraron despidiendo a su personal.

La población no puede quedarse en casa, tienen que salir por alimento. Se agradece cada anuncio televisivo y por las redes sociales que animan a quedarse en casa. Pero se necesita arreglar la tubería de cocina, la instalación de luz, alimentar al bebé, el medicamento del abuelo. Que emoción generará si cada gobierno entrega despensas, medicamentos, dinero y la seguridad de una economía equilibrada. Entonces todos se quedarían en casa.

Este virus ha evidenciado la realidad económica disfrazada en cada nación: las familias más ricas y la más pobres del mundo conviven en Latinoamérica. Esta es la única realidad donde los millonarios en sus grandes mansiones compran todo lo que ese día desean sin importar el costo y a su vez miles de decenas de familias van a la cama con hambre. Esa es la realidad latinoamericana.

Ante tal situación en la vida de los ser humanos la Iglesia debe emerger con el mensaje de esperanza y equidad donde los dueños de graneros llenos que contienen el alimento almacenado sean tocados para ayudar a la población. La Iglesia cual José en Egipto necesita diseñar una serie de estrategias para que todos los que enfrentaran hambre y escasez logren tener alimento en casa.

La historia señala que siete años de hambre no tocó las vidas del imperio egipcio por la dirección de José. La iglesia y sus ministros necesitan no solo orar y ayunar también aplicar tácticas que ayuden a los más vulnerables y muchos ya las están aplicando.

Una autentica espiritualidad no centra su atención únicamente en una serie de ejercicios espirituales que ayudan a estar conectados y cerca de la divinidad, también centra su atención en las necesidades materiales del individuo. Jesús describió en el Padre Nuestro un apartado que establece poner atención a la necesidad de comer.

Este *pan de cada día* es el que provee Dios por medio del trabajo honrado y ético, es el que llega a la mesa después de la ardua jornada de trabajo que hombres y mujeres realizan. En esta pandemia el milagro es tener para dar y comer, es la alegría de rodear la mesa con la familia para agradecer a Dios las fuerzas que dio para desarrollar el trabajo y llegar a casa sano y salvo con alimento.

15
EL POST GLOBALISMO Y EL COVID-19

La crisis generada por el virus no es solo una situación de salud, pone en revisión los diferentes modelos de la civilización actual. El virus tiene el poder de detener todo el planeta y las consecuencias son devastadoras en todos los rubros; la incertidumbre asume el control de los seres humanos. A corto plazo no se estima los efectos de esta pandemia: las fronteras están cerradas, los confinamientos se han impuesto, la globalización emblema de liberalismo contemporáneo comienza a desmoronarse y aniquiló el globalismo de abrirse a todo para dar paso nacionalismos etnocentristas.

Sin estrategias militares, ejércitos o acciones castrenses la pandemia se ha erigido como un poderoso enemigo que en solo unas semanas ha puesto en jaque la soberbia de todas las naciones del mundo. A la civilización occidental la obliga a enfrentar problemas cruciales. Día tras día esta crisis sanitaria es una crisis global que esta desglobalizando al mundo de manera acelerada. En los medios de comunicación el pánico se expande como reacción colectiva que surge de una infección síquica porque son quienes han sido los propagadores del pánico colectivo.

En esta situación están resurgiendo versiones apocalípticas del castigo divino y creencias simplistas de que es un castigo dirigido hacia la gente malvada mientras que los buenos no se tocarán. Los gobiernos aplican la estrategia que apela a la unidad, al patriotismo y a la solidaridad. La política aplicada por cada estado del planeta para enfrentar al COVID-19 refleja la ética y la forma de entender los intereses nacionales y las prioridades de los gobiernos. Ni la gripe española, el SARS-1, el Sida y el H1N1 han tenido tanto poder como el COVID-19 de tener de rodillas a todos los pueblos de la tierra.

La emergencia de la pandemia desnuda todas las carencias y fragilidades estructurales del ser humano como el estilo de vida, los sistemas de salud, el matrimonio, la economía, la familia y la fe. Los mensajes apocalípticos sobre la amenaza de la extinción de la especie humano han adquirido una fuerza relevante en las redes sociales.

Para estos profetas del desastre el COVID-19 es el *escaton*, el fin de la historia de la raza humana. El colapso mundial es evidente; la caída de las bolsas, la actividad económica y el comercio se han contraído, el pánico en las poblaciones es evidente.

La mayoría de las religiones del mundo tienen en su cuerpo doctrinal el tema del fin del mundo que culminará con la redención final. Los conceptos catastróficos del fin del mundo no se suscriben solo a lo religioso también son alimentadas en el ámbito científico y secular. Ambientalistas, veganos y ecologistas denuncian las consecuencias calamitosas por el abuso a la naturaleza.

Señalan que los excesos de la civilización contemporánea y la forma depredadora describe a la humanidad como el auténtico virus destructor. En este clima de incertidumbre los profetas apocalípticos surgen para señalar que el mundo está sometido a la anarquía del mal y que al desechar la palabra de Dios el juicio es inminente.

En Europa las naciones se encapsularon, nadie puede traspasar sus fronteras, nadie puede visitar los lugares turísticos, quien se atreva, entra en un estado de cuarentena por quince días y al entrar a la nación encuentra todo cerrado: restaurantes, cines, hoteles, escuelas y lugares de convivencia. La ópera y la Champions League eventos característicos se han clausurado; todo ha sido cancelado y con ello el comportamiento de la vida cultural europeo se ha transformado.

Lo humanos se encuentra vacilante y derrotado por la falta de vinculación con la realidad. La sensación de desamparo es mucho más crónica que lo experimentado previo a la segunda guerra mundial; los valores no están cuestionados sino el sentido mismo de la condición humana que no encuentra un elemento tangible dónde se pueda sostener. El capitalismo que surge desde el renacimiento hasta este siglo XXI ha generado zozobra, inseguridad y temor ante una terrible desigualdad social donde la marginación es brutal en esta post globalización.

El COVID-19 desnudó la falta inoperancia de instituciones políticas, económicas y religiosas que lejos de producir seguridad solo dieron paso al terror colectivo; desenmascaro la deshumanización y la falta de preparación estructural. La OMS señaló la importancia de lavarse las manos con agua y jabón de tres a seis veces diarias pero el 30% de la población mundial no tiene acceso al agua.

Otra directriz que se solicitó llevar a cabo es que nadie saliera de su casa mientras el COVID-19 estaba presente; la realidad de América Latina es que millones de familias viven al día y no salir un día a trabajar implica no comer ese día.

Ahora el mundo ha cuestionado seriamente el globalismo para dar paso al etnocentrismo nacionalista y como ejemplo Italia y China que han cerrado sus fronteras, se confina a la sociedad y se limitan la movilidad de los ciudadanos. España, Alemania y Francia centran sus determinaciones en el cuidado médico y el control de daños. Esta determinación tiene su raíz en la recesión económica que puedan experimentar. Las naciones del mundo están tomando una de las dos posturas generando una gran presión social al interior de cada nación.

Surge ante estas dos posiciones dos metas: por un lado, salvar vidas cueste lo que cueste y por otro evitar la recesión económica que afectara la desigualdad ya existente en sus naciones. Ambas posturas revelan que el globalismo no está preocupado por generar condiciones igualitarias para la convivencia y el desarrolla humano optimo. Es un sistema desigual donde el rico va en aumento su capital y el pobre está llegando a condiciones paupérrimas. El COVID-19 ha conducido a la humanidad a aplicar una ética individualista egoísta dejando a un lado la ética comunitaria.

Una espiritualidad autentica tiene la visión de ver a cada ser humano como su prójimo y sin importar que no se lave las manos, que salga todos los días a trabajar, que estornude sin taparse el rostro, que tenga la ropa y manos socias no es un potencial enemigo, es un ser humano igual que yo. Cristo señaló que este prójimo debe tratarse, considerado y valorado como a mí mismo. Jesucristo estableció la importancia de que su Iglesia tuviese una identidad colectiva siguiendo los lineamientos del reino que Mateo en especial plasma en su evangelio.

La iglesia y el ministerio necesitan desarrollar y aplicar un sentido de disciplina, de conducción en el entorno de la unidad. Desechar todo oportunismo político-ministerial y ser proclives a la unidad. La Iglesia lleva años escuchando mensajes y recibiendo enseñanzas bíblicas sobre su naturaleza y es en este momento de COVID-19 que debe llevar a cabo esos principios. Las comunidades de fe deben tener unidad de objetivos comunes que sustenta la Biblia y qué la sociedad necesita para encontrar esperanza en su entorno social.

Jesús enseñó que sus discípulos jamás vieran a nadie como un enemigo sino como un prójimo y en base a ello construir una sociedad preparada, capacitada e inclusiva. La Iglesia es la única entidad social que tiene la capacidad de desarrollar una transformación ontológica, es decir, el sentido del ser esté vinculado con la realidad social y espiritual.

El gran misterio escondido es revelado los seis capítulos de la epístola a los Efesios. En el Antiguo Testamento se expresa un misterio que Dios ha ocultado para los últimos tiempos, pero ahora el misterio es revelado y ese misterio es la Iglesia. Es su naturaleza aglutinar en tornos suyo a todos los pueblos de la tierra.

La Iglesia como organismo vivo es multirracial (todas las razas), es multicultural (todas las culturas), y es multiétnica, (todas las etnias). La Iglesia no es exclusiva es inclusiva, no selecciona quién sí y quién no es apto para ser de ella; alberga y aglomera sin excepción a todo ser humano, todos pueden ser parte de ella sin restricciones.

La palabra iglesia viene de *ekklesia* que significa los llamados a afuera. Los griegos acuñan esta palabra y describe el llamado que hacían las autoridades a los ciudadanos para salir de sus hogares y concentrarse en el centro de la comunidad para dirimir asuntos propios de toda la comunidad. La Iglesia está en el mundo, es para el mundo y se desarrolla en el mundo, pero no es del mundo.

Su poder, su influencia y su penetración dan evidencia de quién la gobierna, la bendice y la envía. Existe para esparcirse y difundirse en el mundo por ello Jesús expreso: *edificaré mi iglesia*. En la manifestación de la espiritualidad la expansión de la Iglesia no surge por casualidad, no se improvisa, no llega de repente; se construye y su responsabilidad es crecer y desarrollarse hacia fuera.

La Iglesia como organismo vivo y activo transforma al ser humano y los convierte en elementos activos que están comprometidos en extender el mensaje de salvación. Así manifiesta su espiritualidad en este mundo post globalizado que no tiene la capacidad de solucionar todos los problemas de las naciones. La espiritualidad de una comunidad de fe no se suscribe a las paredes del templo; los muros del templo solo están para detener el frío y el calor de afuera. La Iglesia debe establecer nuevos centros de predicación, no importa la forma por ello debe entra en contacto con toda la gente porque deben rescatarse de la descomposición del mundo.

16
LOS HOGARES Y EL COVID-19

La pandemia llevó a las familias de las comunidades de fe a enfrentar una de las crisis eclesiásticas más complicadas ante la orden gubernamental del cierre de templos y la prohibición de visitar hogares. El templo-centrismo y los años de consumismo ministerial llevo a cada familia de la iglesia a una serie de encrucijadas con respecto a su futuro. A medida que el COVID-19 se propaga por todo el mundo se enfrentan desafíos sin precedentes.

¿Cómo construir el cuerpo de Cristo cuando es imposible estar presente físicamente el uno con el otro? ¿Cómo amar correctamente a los hermanos y vecinos? ¿Quién les predicaría la palabra de Dios y los llamaría arrepentimiento? ¿Cómo se marcarán los lineamientos disciplinarios que la iglesia ha establecido? ¿Quién impartirá el sacramento de la mesa del Señor? ¿Quién enseñará la doctrina a la familia confinada? ¿Cómo se pastorearán las familias enclaustradas?

Algunos líderes y ministros jóvenes que ya utilizaban las redes sociales planearon y desarrollaron sus reuniones por medio de estas. Con las aplicaciones virtuales se verán caras familiares alineadas en pequeños cuadros en la pantalla. La gente hambrienta de contacto entre sí se reúne para adorar a Dios juntos, aunque separados. Los que tenían en su organigrama el programa de grupos familiares tuvieron menos problema en sus reuniones de hogar, pero las visitas de líderes y pastores fueron contraproducentes porque se reportaron contagios.

Por muchas décadas se predicó sobre la necesidad de tener iglesias espirituales, responsables con las misiones, dispuestas a servir, que honren a sus pastores, que tengan la determinación de avanzar, dispuestas a ir al martirio por la causa de Cristo. Además, pastores, predicadores, conferencistas, maestros de Biblia y hasta cantantes arengaron desde los púlpitos tales exigencias. Estos mensajes centraban toda la atención en la iglesia local olvidando que el eje y centro motriz era el hogar de los oyentes.

Es imposible tener una iglesia espiritual si el hogar no lo es primero; se requieren hogares, familias espirituales para tener una iglesia espiritual. Todo parte del ambiente que se genera en el entorno familiar; está ahí la clave a toda demanda ministerial. Los evangelistas y Lucas en Hechos señalan que es en el hogar donde se disemina el evangelio; ahí se predica, se enseña, se ora, se adora y se envía.

Cuando la iglesia china de la ciudad de Wuhan de once millones de habitantes, donde inicio el brote del virus, se dio cuenta de la magnitud tomó una serie de acciones. Es importante saber que esta ciudad tiene una de las mayores concentraciones de cristianos en todo de país y el gobierno llevaba años impidiendo el crecimiento del Iglesia. Entre más imponía lineamientos para evitar la diseminación del cristianismo la Iglesia iba en crecimiento y expansión.

Los creyentes de Wuhan descubrieron que no existe un mandato bíblico directo sobre los pasos a seguir para responder a una epidemia, aunque el mandato central es amar a Dios y amar al prójimo; esta orden proporciona el principio que debe sustentar toda acción. Por ello aplicaron lo que Hechos establece sobre los hogares.

Cada familia cristiana asumió su responsabilidad de Iglesia, siguieron las directrices pastorales e hicieron de su hogar una iglesia. Los pastores entregaron el control pastoral al jefe de familia y en familias donde solo había un creyente tuvo la tarea de ser un evangelista familiar con la responsabilidad de convertir a su familia y después pastorearla. Estas iglesias hogares seguían bajo el gobierno de su pastor.

La disciplina asiática y la obediencia a la autoridad pastoral dio fruto: en tres semanas cada hogar cristiano se convirtió en una Iglesia. Ancianos, hombres, mujeres, jóvenes, adolescentes e inclusive niños desplegaron sus dones y ministerios tocando familias y calles completas con el mensaje de Jesucristo.

La iglesia en Wuhan enseñó en corto tiempo que todos los pastores e iglesias del mundo deben estar preparados para los cambios drásticos provocados por COVID-19. Pastores y su liderazgo deben pensar de manera estratégica y proactiva acerca de cómo cuidar a sus iglesias mientras atraviesan la epidemia. La separación física fue una estrategia fundamental y no solo por el virus sino también por la persecución y el acoso del gobierno. Fue imprescindible seguir los lineamientos neotestamentarios de la iglesia en Hechos de reunirse en los hogares; aplicaron la estrategia volviendo a la Biblia.

Diferentes realidades locales requieren respuestas divergentes. Aunque todavía nadie sabe cuánto tiempo y en qué orden las medidas de cuarentena seguirán vigentes, pastores y líderes deben planificar diligentemente para todas las eventualidades. La infraestructura y la ferocidad del COVID-19 tomaron por sorpresa todas las infraestructuras en las naciones. Las iglesias no deben pensar ligeramente o hacerse de la vista gorda ante lo peor, deben prepararse y planificar el impacto a largo plazo de un virus que está cambiando drásticamente la forma en que viven y adoran.

La epidemia es una oportunidad de amar a las personas a través de su dolor, es un momento en que la iglesia debe imitar a Cristo. Es en este momento que las enseñanzas de la Biblia describen las razones por las que la iglesia existe. Es en cada hogar de cada creyente que debe convertirse en una agencia misionera, en una escuela bíblica, en una estrategia evangelística, en una entidad pastoral, en un lugar de adoración y proyectarse hacia sus vecinos con el mensaje de esperanza y consuelo de Jesucristo.

La iglesia china de Wuhan sirvió compasivamente a su país que lamenta públicamente su falta de altruismo. Los creyentes entregaron cubre bocas a los repartidores y trabajadores de la calle; detectaron vecinos y personas mayores que no podían comprar suministros y se los hicieron llegar. Cada hogar diariamente realizaba oraciones por la ciudad. Cuando vieron que el virus generó pánico epidémico en toda la ciudad y en sus trabajos comenzaron a despedirlos, cada iglesia hogar comenzó un proyecto de oración, ayuno y ayuda.

De acuerdo con el testimonio que el doctor Lucas señala en Hechos la Iglesia sirvió a la ciudad a través de los hogares. En ellos e oraba, predicaba, ayunaba, adoraba, servía y evangelizaba. Los creyentes chinos de la ciudad de Wuhan estaban preparados para ministrar y servir en medio de la enfermedad y la muerte. Un pastor compartió el evangelio por teléfono con la madre enferma de uno de sus feligreses, ella creyó y recibió a Cristo antes de que muriera. El evangelio se compartió así por creyentes chinos y muchos amigos y familiares también aceptaron a Jesús como su Salvador.

Las familias en sus hogares necesitan aprender que deben perseverar durante muchos meses, no semanas, mientras el mundo lucha contra esta pandemia. Pocas naciones no son conocidas por su paciencia. La Iglesia nacional de Cuba y de Venezuela lleva años en este aprendizaje al enfrentar escases; han sido pacientes aguardando la manifestación milagrosa del Dios Eterno. Estas dos Iglesias nacionales junto con la China han sido preparadas de manera excepcional y están listas para bendecir a la Iglesia mundial con la sabiduría adquirida por la dura experiencia en el fuego de la opresión.

La Iglesia latinoamericana debe prepararse para ver en los hogares milagros y acciones asombrosas de Dios. Los incrédulos se convertirán, los sanos alcanzaran salud, la escasez no impedirá que llegue milagrosamente el alimento, la comunidad de fe será invadida con el fugo del Espíritu Santo en cada hogar y los muertos resucitaran. Los niños de cada familia profetizarán, sus ancianos tendrán sueños y sus jóvenes verán visiones cumpliéndose la palabra del profeta Joel (2:28).

Las familias están experimentando situaciones emocionales y sicológicas sin precedentes en la historia del mundo moderno. Por primera vez en años cada miembro de familia está literalmente atrapado en casa día a día, semana tras semana; el COVID-19 ha forzado esta situación. Y los resultados son críticos: matrimonios en crisis, rompimiento familiar, estrés, desesperación y desosiego total.

Los pastores de Wuhan planearon eventos evangelísticos en la casa de los creyentes y está arrojando resultados sorprendentes: familias se están convirtiendo. Oraciones, predicaciones, tiempos de adoración y enseñanza bíblica en casa están atrayendo a los vecinos. ¿Quiénes son estos predicadores exitosos? Los miembros de la familia anfitriona.

Un pastor de una iglesia de Wuhan exhortó a su congregación recordándoles que, aun cuando la situación en la ciudad es sombría y la muerte separaba a muchas familias, esta no es la mayor tragedia; es la que está llevando a muchos a la muerte eterna, el pecado. Ante la enfermedad, la compasión y la gentileza en Cristo mostradas desde un hogar ofrece esperanza a un mundo ansioso y cansado.

Es importante entender que en el Nuevo Testamento en raras ocasiones se lee que las iglesias locales se desarrollaron en tiempos de prosperidad y paz; esto es porque las personas no encuentran atractivo el evangelio. Muy diferente cuando experimentan el terror de una pandemia como el COVID-19.

17
DOCENCIA DIVINA CON EL COVID-19

Una serie de predicadores, pastores, maestros de Biblia y conferencistas han preguntado qué predicar o enseñar a la luz de lo que los gobiernos de todo el mundo están haciendo con el fin de ayudar a enfrentar la propagación del COVID-19. Bueno, toda la Biblia es un gran catálogo de historias, temas, personajes, eventos y hechos que pueden enriquecer al predicador para dar un mensaje de esperanza en este tiempo de incertidumbre, agitación y desastre. La Biblia que es la palabra de Dios hace memoria que la creación señala que junto con la humanidad *gime* en todo tipo de formas en busca de sanidad.

Millones de personas en el mundo desean volver a la normalidad, desean ver todo como nuevo, pero es imposible; todo ha cambiado, nada será lo mismo. Pablo escribe a la iglesia de Roma, iglesia que no fundo, las acciones de Dios en la historia del hombre y en un momento dice: *Y sabemos que a los que aman a Dios, todas las cosas les ayudan a bien, esto es, a los que conforme a su propósito son llamados* (Ro. 8:28).

Así que en medio de toda esta pandemia Dios está trabajando en buenos propósitos. La pregunta salta ¿Qué está haciendo de bien y que es lo que estamos experimentando? Porque parece que Dios no aparece, está en silencio, no hay respuesta ni solución. Existe una serie de aspectos a considerar en cuanto a lo que Dios si está haciendo.

Primero, Dios permite que todos los seres humanos se den cuenta de cuán vulnerables son en un mundo roto, destruido, desecho como consecuencia de las acciones del hombre. De hecho, si no fuera por las misericordias de Dios lo único que el mundo experimentaría serían auténticas amenazas aún más mortales para la existencia del género humano.

El mundo no es lo que Dios quiso y planeo, no es lo que quería; está roto a causa de los pecados de la humanidad. Vidas desechas, familias destruidas, sociedades corruptas, gobiernos malévolos, naciones engendrando odio y aun así todos son llamados a la misericordia de Dios por la vulnerabilidad del ser humano.

Segundo, Dios está nuevamente en misericordia llevando a la humanidad a clamar por sanidad. Esta crisis va mucho más allá de lo que nuestros excepcionales sistemas médicos pueden manejar. Es verdad que necesitamos ayuda más allá de los sistemas. Las personas que normalmente no piensan en orar lo están haciendo constantemente.

Los odios contra el prójimo, las exigencias al gobierno, las demandas a las empresas, el abandono de los templos, la urgencia de amasar una fortuna, la negligencia en la responsabilidad laboral y los sueños por construir una vida plena se han desdeñado para solicitar la intervención de Dios para obtener salud.

Los que no iban a los templos con regularidad ahora quieren asistir, están buscando un lugar consagrado para reunirse y orar clamando misericordia. Los pastores otrora despreciados ahora son solicitados con urgencia para que oren por salud. Dios mueve al mundo para que le busque y alcance misericordia.

Tercero, Dios nos está despertando al gemido de la creación. La creación es a veces más inteligente que el ser humano. La creación reconoce que este no es el mejor de todos los mundos posibles, y se queja del verdadero mejor mundo: *porque también la creación misma será libertada de la esclavitud de corrupción, a la libertad gloriosa de los hijos de Dios* (Ro. 8:21).

La creación entera anhela ardientemente la revelación de los hijos de Dios porque dicho evento significará también gloria para toda la creación. Ésta fue sujeta a futilidad por culpa del pecado del hombre; no fue la creación irracional lo que pecó, fue el hombre. Y quien sujetó a la creación a futilidad fue Dios.

Fue él quien, debido al pecado del hombre, pronunció una maldición. Cuando el ser humano gime dentro de sí mismos por la sanidad del COVID-19 se une al planeta mismo, en sensibilidad al Creador clamando por la salud.

Cuarto, Dios permite experimentar cuánto no se tiene el control de la existencia. El ser humano hace planes, trabaja los planes y todos los planes conducen a la meta que es el futuro que ha imaginado para sí mismo. Pero no funciona de esa forma porque por medio de COVID-19 Dios enseña que el ser humano que no tiene ningún control. Muchos merolicos del púlpito reclaman, demandan, exigen y proclaman que tiene el poder en sus bocas y la pandemia les ha dado una cachetada para silenciarlos.

Aquellos que han experimentado la salvación de sus pecados la mayoría de las ocasiones no están en la voluntad de Dios sino en la propia. Este autoengaño le lleva a pensar que pasará esta pandemia sin consecuencias. De todo lo que vendrá a su vida cada día muy poco, casi nada será lo que ha elegido para sí. ¡Esto es una realidad para todo fanático del control!

Es necesario entender que es Dios quién tiene tomado en sus manos los hilos de la vida de cada día y solo él sabe lo que hay ante cada criatura. Sin importar que depare el futuro ante el COVID-19 un auténtico discípulo de Jesús no tiene miedo. ¡Cuanto antes aprenda que no tiene el control de todo, mejor será para su alma!

Quinto, Dios está presente, al dar sanidad del COVID-19, mostrándonos nuevamente que cuando todos comienzan a cuidar a los demás, la vida es más deleitosa. Incluso si alguien está motivado por el interés propio, la cooperación mutua de las personas interesadas puede hacer que se pruebe más la voluntad de la paz Dios para el mundo. Acumular todo el papel higiénico es contraproducente, ya que solo dificulta la salud de los demás y pone en peligro al acaparador.

Ante el COVID-19 cuál fue el beneficio de tanto papel higiénico a los hogares y vidas de los compradores; era mucho mejor comprar vitamina C y nadie lo hizo en ese momento. Entonces la gente está aprendiendo a pensar en las consecuencias de sus acciones. Si se determina cuidar a toda la comunidad en tiempos sin crisis, ¿qué mundo mejor sería este?

Sexto, Dios está usando la crisis para minimizar nuestras divisiones. En los últimos años la humanidad ha sido testigo de la destrucción de comunidades y naciones. El odio y el desprecio hacia grupos y sectores sociales son brutales. Ya sea por el color de la piel, la raza, la religión, el país o el credo el odio es exacerbado.

La propagación del COVID-19 está uniendo a todos para enfrentar una amenaza común. Se está realmente aprendiendo a pensar y actuar en beneficio del colectivo social. Dios lo está usando para ayudar a las personas a experimentar nuevamente lo que se siente trabajar juntos por el bien común.

Séptimo, Dios está en un nivel más alto, al menos para aquellos que están atentos, ayudando a que todos se den cuenta nuevamente de que la vida en este planeta solo funciona cuando se depende del su Creador y Redentor. La epidemia está llevando a la humanidad a un gran despertar, está al borde del mayor despertar espiritual que el mundo haya visto.

La humanidad y en especial los discípulos de Jesucristo están despertando a la realidad que están viviendo y al desafío de proclamar su evangelio. Dios ha hecho que el mundo funcione de cierta manera y está utilizando este virus que se propaga para llamar de regreso a las formas, principalmente aprendiendo nuevamente a depender y obedecer al Creador, Salvador y Señor Jesucristo.

Octavo, en todo, y a través de todo, Dios está usando al COVID-19 para el bien mayor para que *todas las cosas les ayudan a bien* (Ro. 8:28). Con el fin de que cada hijo de Dios sea *conformado a la imagen de su Hijo* (Ro. 8:29). Dios está usando este virus para hacernos más como al único verdadero humano, Jesús de Nazaret, que vive entregándose por el bien de los demás.

Estos aspectos son algunas de las lecciones que Dios está dando en medio de la propagación de este horrible virus.

18
LA PATERNIDAD Y EL COVID-19

La masculinidad ha sido desvalorada paulatinamente desde principios del siglo XX. Por décadas se minó al varón como una persona que no representa fortaleza, confianza, amor, protección y provisión. La hombría dejó de tener importancia y la paternidad dejó de ser el eje familiar. Se dio paso al conformismo y se potenció y supra valoró la maternidad.

En Latinoamérica la maternidad tiene un lugar preponderante en la familia; deja a un lado la posición del padre. Ni siquiera es visto como proveedor de recursos económicos. Con ello demerita su importancia en la educación familiar, obligándolo a abdicar su lugar como jefe de familia en la toma decisiones y sobre todo en la educación de sus hijos (entiéndase hijas e hijos).

Ser un hombre al inicio del siglo XXI tiene muchas variables equivocadas, la más relevante es la figura del macho, un hombre sin escrúpulos qué hace y vive como quiere minimizando a la mujer. Por otro lado, existe el hombre débil de carácter que con tal de evitar conflictos y tener contenta a su esposa cede en cada petición que se le exige. Ambos modelos son aprendidos por los hijos quienes en la siguiente generación repetirán los patrones de comportamiento en grado superior.

La razón principal por la cual los padres no toman sus responsabilidades radica en el corazón. Las excusas favoritas para no asumir la paternidad son: no hay tiempo, debo trabajar, no es fácil sostener a una familia y por lo tanto ausentarse de casa representa un sacrificio. La realidad es que la mayoría de los padres escapan de sus hogares encontrando un oasis en su trabajo.

Miedo, inseguridad, falta de visión, sueños rotos, un corazón lastimado y un sinfín de razones por las cual el padre se refugia en su trabajo. Razones que no son suficientes para estar ausentes de la vida de sus hijos.

La contingencia sanitaria del COVID-19 ha devuelto el hombre a su hogar, ha colocado en las manos del varón a su familia; es una oportunidad sin igual. La situación atípica le ha dado la oportunidad al hombre de reivindicarse en su paternidad, de acercarse a sus hijos y demostrar el buen maestro que puede llegar a hacer.

No hay excusa porque no puede escapar, el tiempo de tomar la verdadera paternidad está es sus manos para ser el padre que siempre quiso tener. ¿Realmente qué es un verdadero padre? Es el que tiene en claro quiénes son sus hijos: conoce su carácter, su llanto, sus exigencias, su manera de relacionarse, sabe las necesidades emocionales, espirituales y físicas. El padre es aquel que, si bien provee alimento, ropa y casa, también provee educación.

Entiéndase por educación la que plasma en el corazón de su hijo cuando le enseña, lo guía, lo dirige a realizar actividades como el respeto a su mamá, la compra de algún producto, el trato digno a los demás, cumplir con las responsabilidades de casa, el manejo del dinero, ser equitativo con cada uno de sus hermanos, al contar historias de héroes bíblicos de la fe y enseñar los principios bíblicos con su vida. Sabe que esta formación integral no es tarea específica de mamá.

Un padre no es el que se sacrifica, es el que guía en el camino de vida, es el que conduce el desbocado corazón del hijo para que lleguen a un puerto seguro. Un buen padre no es el que da permiso a sus hijos a salir a todos lados, es aquel que dice no, el que quita de las manos del niño el celular o dispositivo y se sienta con él a repasar los números, es el que juega y pasa horas riendo. Un padre es aquel que protege aún de sí mismo en decisiones que pueden parecer magnificas, pero a ellos les afectará.

El problema en cientos de hombres es el miedo al no saber cómo ser un padre por no tener un modelo en su vida. No existen modelos de un buen hombre, de un buen esposo y mucho menos de un buen padre. No hay una guía de cómo cambiar las prioridades, de cómo llegar al corazón del hijo sin lastimarlo y guiarlo por el camino correcto. A la mayoría de los padres les resulta difícil hablar de sus sentimientos porque coexisten con el macho, el hombre rudo que no manifiesta sentimientos, esos hombres que todo lo cuestionan, que no creen en nada, solo en ellos mismos.

Los sociólogos señalan que los millennials están atados a la tecnología, llenos de conocimiento, pero falto de sensibilidad y de fácil perturbación emocional ya que se ofenden con facilidad por cualquier situación. También está la nueva generación, los Alpha, que están creciendo sin identidad, no creen en Dios, detestan la iglesia y no se someten a ninguna autoridad. Ser padre en medio de ambas generaciones no es sencillo, se complica porque diferentes voces surgen indicando cual es el mejor modelo paterno para seguir.

Cada hombre ha soñado un tipo de padre modelo que le gustaría ser; para algunos es el padre que tuvo en su niñez. Soñar ser él, parecerse a él, querer trabajar en su trabajo, vestirse como él lo hacía porque este padre fue su superhéroe. Pero un día dejó de serlo, quizá la adolescencia o conoció la verdadera identidad del padre. Si los hombres tuvieran la oportunidad de tener un padre que fuera un superhéroe, siempre fuerte, un modelo a seguir, acaso ¿no valdría la pena intentarlo en uno mismo?

En el interior de cada hombre no se puede ir tras sus pasos, pero encontrar ese modelo se requiere del padre perfecto, y el único así es Dios. La Biblia enseña que él es el modelo de padre. Invita a cada hombre que ame y dé buenas cosas a sus hijos, que corrija y utilice la vara para quitará lo retorcido del corazón, y logre enderezar sus vidas. Que sea el padre que enseñe y guíe, que muestre su carácter de provisión, de fortaleza, de amor.

Que siempre tenga el balance para infundir temor sin el menor asomo de miedo. Que dé libertad sin libertinaje, que sea lo suficientemente fuerte para soportar las fallas de los hijos y lo suficientemente sabio para enseñarles de sus errores. Que siempre esté dando una oportunidad, que guarda silencio en medio del llanto y abrace con su corazón, que siempre tenga pensamientos de bien para sus hijos y trabaje para que se conviertan en mejores personas, y lo superen, entonces sabrá que ha cumplido con su tarea.

En esta contingencia sanitaria cada padre tiene el enorme privilegio de reiniciar su relación con sus hijos. Es una excelente oportunidad de acercarse a ellos y ser el padre que necesitan. Que ellos descubran a un padre fuerte, que enseña, que es noble, que tiene temor y preocupación, que está orgulloso de sus hijos, pero sobre todo que los ama. En esta situación de confinamiento cada hombre puede, si quiere, convertirse en ese padre que un día soñó tener y ser.

Puede transformarse en el padre que necesita la siguiente generación donde están incluidos sus propios hijos y debe comportarse a la altura de las circunstancias: *varonil y esforzado*. Enseñar a sus hijos el valor que cada uno tiene, que ellos son un regalo recibido del cielo de quien se sienten profundamente agradecidos con la vida y con Dios de tenerlos. Es una excelente oportunidad de permitir que la paternidad de Dios fluya a través de cada padre hacia sus hijos y poder recuperar su lugar en su familia.

19
PAUTAS PASTORALES ANTE EL COVID-19

¿Cómo acompañamos a las personas a través de este valle de la escasez, ansiedad, miedo y muerte en estos tiempos? El mundo observa como el COVID-19 se extiende en todas las comunidades y sociedades destruyendo el bien común y afectando la normalidad.

Los pastores de las comunidades de fe locales están aplicando una serie de medidas nuevas para apoyar a la feligresía. Aunque es cierto una gran mayoría no ha logrado entender la gravedad de la situación otras están al borde del pánico. Por ello el ministerio pastoral debe aplicar una serie de medidas para que su trabajo pastoral continúe siendo efectivo.

Primero, seguir las pautas de salud. El gobierno de cada nación tiene sus protocolos de sanitarios que deben atenderse con sumo cuidado. El sector salud monitorea de cerca su situación con el fin de ayudar a la población. El pastor es responsable de cuidar su propia salud.

Siempre que se viaja en avión las azafatas dan los protocolos a seguir en caso de emergencia y una de las órdenes es *cuando caigan las máscaras de oxígeno, póngase primero su propia máscara antes de ayudar a cualquier otra persona.*

El pastor debe ser un modelo para seguir de cómo reaccionar ante esta contingencia sanitaria. La información básica y precisa está ampliamente disponible, pero a veces cuando la ansiedad es alta, incluso buscar lo básico se vuelve especialmente desafiante. Proporcionar estas pautas a la iglesia local es parte del cuidado pastoral. Es preferible tacharse de exagerado que de indiferente.

Segundo, estar al tanto de las personas sin estar con ellas. Es importante evitar el contacto físico cercano con la congregación, pero no el contacto virtual cercano. En especial debe mantener un cuidado extremo con los adultos mayores ya que son de los grupos sociales más vulnerables de la población.

Algunos de ellos experimentan un estigma social en torno al COVID-19 y es la tarea pastoral que la presencia virtual del ministro los anime y fortalezca en su fe. Ahora no puede sostener su mano, abrazar y tocar su cabeza para orar por ellos, sin embargo, se tiene la fortuna de contar con la opción de las redes sociales y las video llamadas. Es importante que el pastor se asegure que la familia se ayude para conectar a todos sus miembros en las diferentes plataformas existentes para ofrecer su apoyo.

Tercero, encuentre la forma de hacer comunidad virtual. La Biblia enseña que una de las características de la iglesia es comunidad. La iglesia es una extensión de la familia y las personas encuentran en ella un entorno familiar, de amistad donde hacen comunidad, es decir, todos tiene elementos en común. Esta comunidad canta, adora, ora, sirve, ministra unos a otros con el propósito de desarrollar su vida y aportar a la sociedad donde sus miembros están inmersos.

El deseo humano de ser útil es increíblemente fuerte. Una crisis puede llevar a algunas personas a retirarse, también puede ser una oportunidad significativa para unirse y apoyarse mutuamente. Los pastores que transmiten liderazgo y visión pueden unir a las personas de manera organizada, solidaria y sostenible; con ello pueden llevar el evangelio y ser una comunidad de fe local que se expanda.

Cuarto, mantenga los valores vivos y activos. La vida del ser humano enseña que cada persona muere como vivió; este concepto es rubricado en hospitales y asilos. La humanidad enfrentó una serie de crisis mortales sin precedentes en su paso por la tierra. Y aunque no todas las crisis serán mortales, todos moriremos. En tiempos aterradores el trabajo pastoral es hacer un llamado a las personas para que vivan su mejor sentido de vida de cómo estar en el mundo.

Esto no significa ser deshonesto sobre una crisis y sus amenazas, y tratar de matizar la seriedad de ello. Significa que el pastor debe seguir apoyando a cada persona, miembro o no de la comunidad de fe, en la presencia sostenida de Dios, amando a su prójimo y enfrentando la muerte con el mismo propósito y valores por los cuales se enfrenta la vida.

Quinto, no sea una persona ansiosa. Si el pastor no tomó la clase de cuidado pastoral en el seminario o no ha estudiado sobre el tema debe aprender a ser cuidadoso en sus manifestaciones emocionales en tiempos de COVID-19 y no afectar a ninguna persona. Debe presentarse tranquilo, emocionalmente presente y libre de ansiedad con el fin de generar confianza y brinda el tipo de atención adecuado en cualquier crisis, desde una enfermedad leve hasta la pandemia actual.

Aparecer ante los demás sin ansiedad significa controlar sus propios sentimientos, por lo que no intenta huir de la situación ni inundarla con sus propias emociones o ansiedades. Las personas tomarán prestada su tranquilidad, paz y compasión para ayudarlos a reducir sus propias ansiedades.

Sexto, Etiquetar su propia situación de vida. Es importante que el pastor entienda que también es una criatura finita y limitada; que debe atender sus propias necesidades. Por ello debe apoyarse en su propia comunidad para obtener apoyo y que mejor que su comunidad eclesiástica local y comunidad ministerial. Enseñar y aplicar la necesidad de tomar el turno de ser cuidado por otros ministros, es decir, permitir que otros lo pastoreen a él y a su familia.

La tentación pastoral es creer que en esta crisis del COVID-19 es dar y hacer todo, aparecer como el salvador de la iglesia, el que tiene todas las respuestas, el que es la única voz autorizada, pero esto no es posible. Ante esta pandemia, estar recluido en casa no es un lujo, es una necesidad.

Dejar de visitar, predicar en el templo, orar por los enfermos en los hospitales, visitar a los presos en las cárceles no son actos egoístas. A medida que este brote continúa desarrollándose, tomar medidas para renovar su propia energía y esperanza en el Espíritu de Dios en casa es su obligación.

Séptimo, ayudar a las personas a tener una visión a largo plazo. Esta pandemia es un desafío para cada pastor ya que está enfrentando una situación que no está en el manual pastoral. Su comportamiento en el ejercicio de su ministerio está modificándose y se está haciendo diariamente. Cada día es un desafío diferente, la vida pastoral y social ha cambiado y no se regresará a la normalidad como se espera. Ahora el pastor debe encontrar maneras de acercarse a la gente.

Enseñar que él Creador estaba aquí antes que el universo, y estará mucho después. Que las personas vean a Dios como parte de una imagen mucho más grande que el virus y que ofrece confianza y seguridad. Debe ayudar a mantener un sentido de esperanza acerca de la presencia amorosa de Dios en sus vidas, incluso cuando las circunstancias amenazan con atenuar toda esperanza.

Octavo, escuchar con amor más que nunca. Una de las características de la tarea pastoral antes del COVID-19 era escuchar con amor; hoy se sobre exige esta característica. Las dudas, el miedo y la incertidumbre han conducido a las personas a buscar quien las atienda. No importa el giro que tome esta crisis pandémica, uno de los regalos más duraderos y poderosos que un pastor puede otorgar es escuchar.

Cuando las personas observan que el pastor con sumo cuidado presta atención al escuchar lo que se le está diciendo las personas encaran su amor a lo sagrado, a la comunidad y a la vida misma. Escuchar es exactamente lo que las personas necesitan cuando enfrentan circunstancias abrumadoras e incontrolables de esta crisis.

Noveno, no tenga miedo hablar sobe la muerte. Cuando el pastor habla con las personas que tienen miedo, puede aprovechar sabiamente el miedo subyacente a la muerte. Al ocurrir este giro en la conversación, no debe evitarlo. Ayudar a las personas a llorar ya sea antes, durante y después de las pérdidas les auxilia a vivir mejor en cada área de la vida. Hablar sobre la muerte significa expandir las capacidades pastorales para vivir cada momento como un regalo.

Decimo, manténgase en oración. Las oraciones emitidas por personas ansiosas y con gran necesidad pueden cambiar el significado de una situación. Sin embargo, en tiempos de trauma y crisis, usar demasiadas palabras puede sonar vacías. Es importante que el pastor tenga la constancia en este ejercicio espiritual y lo promueva.

Orar con otros de forma virtual es un excelente camino en su tarea aunado al consejo y la predicación que ofrece en las redes sociales y las llamadas por celular. Estas oraciones participativas con otros ayudan a que se participe en la vida de Dios y en la vida de los demás. Con ello meditan y renuevan su sentido de propósito, dando un testimonio honesto de la situación.

20
EL FUTURO DE LA IGLESIA Y COVID-19

Por primera vez, muchas iglesias se vieron obligadas a cerrar las puertas de sus templos por la seguridad de su gente. Otros se vieron obligados recibir donaciones en línea por primera vez para mantenerse solventes. Otros tuvieron que cerrar sus puertas para siempre porque no tenían el dinero para mantener los templos abiertos.

El COVID-19 para la iglesia ha dejado de ser una medida de emergencia, es la nueva normalidad; es la forma avanzada de realizar el ministerio en los próximos años. Este virus ha empujado a pastores e iglesias a tomar toda la tecnología que tienen a la mano para que pueda evitar que tropiecen completamente.

La transmisión en vivo en algún sitio web, las donaciones digitales, las redes sociales, las aplicaciones de la iglesia y los sistemas de administración de la iglesia no son artículos de lujo para las comunidades de fe con el fin de salvaguardar su integridad y supervivencia. Si virus es el iceberg, la tecnología de la iglesia son los botes salvavidas.

La mayoría no sabe que en el mundo se han estado estableciendo iglesias en esta transición durante mucho tiempo; esto habría sucedido con el COVID-19 o sin él. A pesar de que este virus está a la vanguardia del mundo no se debe atribuir a la pandemia lo que se puede atribuir de manera tan sustancial a la cultura.

La tecnología está cambiando la forma en que funciona el mundo desde finales del siglo XX. Los habitantes del planeta estaban preparados para un cambio revolucionario antes de la pandemia e incluso ahora que los líderes están planeando el regreso a los templos después de la pandemia.

Las empresas han sido revolucionadas, las familias y los estilos de vida han sido re-concebidos y transformados por la tecnología. La iglesia fue una de las últimas instituciones restantes en permanecer prácticamente sin cambios. Decenas de miles de iglesias continúan adoptando sorprendentes herramientas tecnológicas con el fin de que sus prácticas cambien.

Así la forma en que las iglesias se comunican con sus congregantes se está transformando. La forma en que los visitantes usan Google para encontrar iglesias de buena reputación está evolucionando. La organización y comercialización de pequeños grupos y eventos de la iglesia se están consolidando primero en los móviles. La forma de recaudar dinero, automatizan el diezmo e implementan herramientas de comercio electrónico en sus estrategias financieras está progresando a la velocidad de la luz.

¿Cuál es la consecuencia de la revolución tecnológica en las iglesias? Hay un efecto claro y directo de la adopción tecnológica en estrategias exitosas de crecimiento de la iglesia que va del tamaño de la iglesia, si sus ministros comprenden a su congregación y su comunidad y si tiene un plan de mercadeo confiable y preciso.

La clave fundamental para el éxito de su iglesia en estas áreas de crecimiento e ingresos es la tecnología. La desventaja para los adoptantes tardíos es que tienen que recorrer la curva de aprendizaje en la aplicación tecnológica y se ven obligados a competir con iglesias similares de adopción temprana que ya tienen impulso en tamaño e ingresos.

Para volver a poner las probabilidades de su lado y lograr sus objetivos de crecimiento tanto en tamaño como en recaudación de fondos, debe tener en cuenta cómo se verá la tecnología de la iglesia en los próximos años (2025). Las iglesias deben darse cuenta de que estas nuevas modalidades tecnológicas para facilitar el ministerio de la iglesia durante la pandemia no son medidas de emergencia, son la nueva normalidad. Los pastores deben entender y saber cómo se verá la tecnología en los próximos cinco años y cómo debe implementarlas en la estrategia de administración de su iglesia.

Primero, el software de administración de la iglesia se convertirá en la nueva base de operaciones para los pastores de las iglesias. Programas interactivos y de administración se volverán cada vez más comunes en las congregaciones como herramienta fundamental para administrar y rastrear a los usuarios en sus sitios web, aplicaciones, donaciones, participación, evento, marketing de texto y correo electrónico entre otras. Estas aplicaciones permitirán que los pastores y su equipo eclesiástico puedan gestionar todos estos activos a través de un único conjunto de herramientas que se integran automáticamente entre sí.

Segundo, la participación de los miembros será por medio de su móvil. La tecnología portátil, es decir, de los celulares. Recientemente se publicó que la tecnología celular duplicó su porcentaje de los ingresos trimestrales. La tecnología de los smarphones (teléfonos celulares) que se sincroniza con un dispositivo móvil es la siguiente fase de la tecnología móvil y la tecnología móvil adyacente. Mientras más crezca la tecnología portátil, y continuará creciendo a un ritmo rápido, la tecnología móvil más esencial será para nuestra vida diaria.

Debido a esto, las iglesias seguirán su ejemplo integrando sus necesidades en herramientas diseñadas específicamente para las necesidades de la comunidad de fe local. Esas necesidades priorizan el compromiso de los miembros y la adquisición de visitantes. Segmentados de esta manera, las iglesias podrán optimizar sus sitios para nuevos visitantes y optimizar sus aplicaciones para los miembros comprometidos.

Esto significa que los planes de estudio en grupos pequeños, notas del sermón, donaciones, registro de eventos y comunicaciones de la iglesia se enrutan (conexión a un equipo específico que dispone de un servicio o un software para realizar la conexión por medio de un puerto. Se refiere a la selección del camino en una red de computación para el envío de datos), a través de la aplicación móvil.

En ese sentido, las aplicaciones individuales de la iglesia adoptarán un carácter más similar a Facebook que una aplicación de la iglesia de una sola aplicación que funciona como un sitio web. La participación de los miembros llevará a las personas a la aplicación.

Las donaciones, los anuncios de la iglesia y el registro de eventos estarán disponibles solo a través de la aplicación, lo que impulsará a las personas a usar la aplicación para el acceso exclusivo que ofrece a los miembros, como la participación en grupos pequeños y la asistencia a eventos.

Tercero, las donaciones digitales representarán el 80% o más de las donaciones de la iglesia. Un buen número de sociólogos han clasificado a las iglesias en una categoría de negocios más cercana a eventos de negocios, que fue precisa durante mucho tiempo, en nuestra era digital y móvil, surgió una categoría mejor: Negocio de membresía. Aunque en un sentido, son ambos.

En términos comerciales, la iglesia es un modelo de membresía para eventos futuros. Iglesias que están adoptando la tecnología están cambiando su modelo mental de la concepción de lo que su comunidad de fe local es simplemente de un modelo de eventos a un modelo de membresía que incluye eventos.

Debido a esto, las ofrendas y diezmos serán visto como una mejor práctica de membresía que se enruta a través de la aplicación de una iglesia, que permite permanecer conectados a los servicios semanales y proporciona notificaciones automáticas. Así los miembros de la iglesia y los visitantes se entenderán en términos de un modelo de membresía real, y los modelos de membresía son principalmente ofertas de comercio electrónico, como comunidades en línea y cursos digitales, el aspecto de comercio electrónico se traducirá a las iglesias en forma de donación digital.

En el compromiso se enrutará cada vez más digitalmente a través de las aplicaciones de la iglesia, que permiten la donación, entonces este modo de donación será intuitivo para los millennials, los centennials y los alpha que están generando riqueza de manera exponencial y serán la principal población de donantes de la iglesia para 2025.

Cuarto, un éxodo de las redes sociales en su forma actual. Facebook, Instagram y Twitter se convertirán en formas anticuadas de distribución de contenido público. Las personas optarán por comunidades digitales interactivas privadas, volviendo al uso cada vez mayor del modelo de membresía para concebir la naturaleza de la organización de la iglesia, y se dirigirán hacia plataformas que ofrecen más privacidad, seguridad, segmentación comunitaria e intimidad.

La función de las plataformas de redes sociales como servicios públicos continuará como modos de distribución, pero no será el dominio principal en el que se cultiva el compromiso. Actualmente, las redes sociales son a la vez el punto de entrada y el hogar del compromiso para los miembros, los fanáticos y los seguidores, pero gradualmente perderá su estatus como hogar del compromiso. Las iglesias seguirán el ejemplo y adoptarán el modelo de membresía privada para poseer y cultivar su relación con su propio público y con su propia tecnología.

El principal inconveniente de las redes sociales es que las propias empresas son las propietarias de la relación. Si sus páginas de Facebook o Twitter fueran eliminadas mañana, no tendría forma de recuperar esos seguidores. Pero si posee el dominio en el que participan los miembros de su iglesia, ya sea a través de una aplicación o sitio web entonces será dueño de los correos electrónicos, direcciones, nombres e información auxiliar de todos esos miembros.

Si su compañía de tecnología de la iglesia cierra mañana, podría migrar a todos esos miembros a una nueva plataforma el mismo día. Este beneficio incentivó a las empresas e iglesias por igual a trasladar su base de seguidores a una plataforma que contiene una lista de contactos que poseen y operan. En general, esto es algo bueno para las iglesias y sus relaciones con sus miembros.

Quinto, todas las compañías de tecnología de la iglesia ofrecerán una solución de inicio de sesión único para múltiples tecnologías. Como ejemplo de una variedad de plataformas que están al alcance de las iglesias se encuentra la de PushPay. Es una plataforma para iglesias que da solución a la donación móvil que hizo que la generosidad fuera fácil y simple. Proporcionan una línea abierta constante a los miembros de cualquier organización eclesiástica y esto permite depositar ofrendas y diezmos en cualquier momento y en cualquier lugar con solo tocar un botón virtual.

Esta plataforma se ha convertido en una solución de donación y participación móvil completa que sirve a más de 10,500 clientes de los cuales 7,000 son iglesias en todo el mundo, conectándolas con la comunidad local e inspirando generosidad. Tiene un volumen total de procesamiento de cinco mil millones de dólares anuales.

Ellos dicen que la generosidad se encuentra a la vanguardia de la iglesia, y la tecnología es ahora un elemento clave para desbloquear esta generosidad de una generación cambiante. Señalan que ellos son el principal recurso para el crecimiento, el compromiso y la gestión de la iglesia que ayuda a facilitar la generosidad y la participación. Afirman que su objetivo es ver miles de millones de dólares entregados a la iglesia local para servir al mundo y convertirlo en un lugar mejor.

Esta compañía de donaciones de iglesias también ofrece un área de anuncios de la iglesia local y la transmisión de sermones en video, en audio y transcritos. Esto es solo un ejemplo de que la comunidad de fe se encuentra ante el futuro tecnológico de la Iglesia. Si una iglesia está buscando una tecnología que se convierta en un enorme crecimiento y siga siendo la herramienta número uno en tecnología de la iglesia en el futuro previsible, deben usar e implementar estas plataformas de inmediato.

Sexto, una gráfica de análisis de salud espiritual para cada creyente. En la última declaración de pérdidas y ganancias de Apple, demostró que la tecnología portátil tomó un enorme aumento en su participación en los ingresos generales de Apple. Si bien ahora estamos en la adolescencia de la tecnología móvil en nuestra cultura, para 2025, estaremos en la adolescencia de la tecnología portátil, incluidas las gafas AR, que se sincronizan con sus dispositivos móviles y otros dispositivos portátiles.

En otras palabras, la barrera entre el mundo digital y nuestro mundo físico se volverá imperceptiblemente delgada, especialmente para los niños de ahora. Como ejemplo las mencionadas gafas de realidad aumentada que pueden decir qué cantidad de la Biblia han leído y mostrar notas, la tecnología de escucha para rastrear cuándo y si realmente el usuario si ha orado, el análisis de tiempo de pantalla avanzado que muestra el estado de Internet en línea.

Se concebirán muchas más características, pero el punto es que los cristianos podrán automatizar el seguimiento y la visualización de análisis de salud espiritual: habrá métodos para cuantificar el uso de ejercicio espirituales como la oración, lectura bíblica, ayuno, adoración y otros con tecnología de salud conductual que ayudará a los cristianos a tener una mejor idea de cómo cultivar una vida espiritual más sana, rítmica y robusta.

Séptimo, la iglesia en línea crecerá. Quizás una mejor manera de referirse al fenómeno que crecerá es la iglesia remota. Debido a que la membresía, que se sincroniza en la web y en dispositivos móviles, está mediada por una cuenta que está registrada con un software de administración de la iglesia. Los usuarios podrán ver sermones, tomar notas, dar y participar desde la comodidad de sus casas.

Octavo, la forma de adoración de la iglesia cambiará por lo que deben aférrese a lo que es sagrado y soltar todo lo demás. Toda iglesia local se maneja por hábitos y costumbres, se han edificado sobre tradiciones, liturgias y un orden de culto. Con el tiempo, la línea de cada iglesia entre lo que es fundamental para la fe y lo que es meramente una respuesta institucional se vuelve borrosa.

El virus presenta la necesidad de realizar un inventario en el tema de las formas. Todos los equipos de ministerio y los directivos de las iglesias deberán discutir lo que no es negociable ante los ojos de Dios. En términos prácticos, la respuesta de una iglesia será diferente dependiendo de su contexto local y número de casos sospechosos de COVID-19. No hay una respuesta correcta. Todos están buscando las respuestas más apropiadas en circunstancias extraordinarias.

Las precauciones que las iglesias han tomado para continuar con sus reuniones incluyen la toma de temperatura a los que asisten a las reuniones, solicitar declaraciones sobre viajes recientes y registrar los datos de contacto de los asistentes para facilitar el seguimiento de las personas si es necesario, suspender las reuniones de los grupos más vulnerables, como ancianos y niños, no llevar a cabo la mesa del Señor o buscar alternativas como usar pan y vino, dejar de usar himnarios y Biblias para limitar los puntos de contagio y en vez de eso, utilizar pantallas de proyección y/o en el celular. La vida litúrgica de la iglesia está en transformación.

En conclusión, la tecnología de la Iglesia dará grandes pasos en los próximos cinco años. A medida que crece la tecnología móvil, esto les indica a las iglesias que deben subirse al auto de la tecnología. Desea tener su infraestructura digital en su lugar, configurada para la escala e inclinada hacia el máximo compromiso y crecimiento.

Si desea que su iglesia vaya a la vanguardia e influya en la población, comience a implementar estas realidades futuras tanto como pueda ahora a través de una mentalidad de modelo de membresía para que cuando se conviertan en prácticas comunes entre las iglesias, sus miembros y visitantes ya estén funcionando.

21
LA PROPAGACIÓN DEL COVID-19

Esta infección respiratoria ocurre a través de la transmisión de gotitas que contienen virus y aerosoles (partículas sólidas y liquidas) exhalados de individuos infectados al respirar, hablar, toser y estornudar. Las medidas tradicionales de control de enfermedades respiratorias están diseñadas para reducir la transmisión por gotitas producidas en los estornudos y la tos de las personas infectadas.

Sin embargo, una gran proporción de la propagación de la enfermedad por el COVID-19 parece estar ocurriendo a través de la transmisión por el aire de aerosoles (partículas sólidas y liquidas) producidos por individuos asintomáticos durante la respiración y el habla.

Los aerosoles (partículas sólidas y liquidas) pueden acumularse, permanecer infecciosos en el aire durante horas y ser fácilmente inhalados profundamente en los pulmones. Para que la sociedad se reanude, se deben implementar medidas diseñadas para reducir la transmisión de estos aerosoles, incluido el enmascaramiento universal y pruebas regulares y generalizadas para identificar y aislar a los individuos asintomáticos infectados.

Los humanos producen gotitas respiratorias que oscilan entre 0.1 y 1,000 µm (submicrón que es una dimensión inferior a la micra). Una competencia entre el tamaño de las gotas, la inercia, la gravedad y la evaporación determina qué tan lejos viajarán en el aire las gotas y los aerosoles emitidos.

Las gotitas respiratorias sufrirán un asentamiento gravitacional más rápido de lo que se evaporan, contaminando las superficies y conduciendo a la transmisión por contacto. Los aerosoles más pequeños se evaporarán más rápido de lo que pueden asentarse, son flotantes y, por lo tanto, pueden verse afectados por las corrientes de aire, que pueden transportarlos a distancias más largas. Por lo tanto, hay dos vías principales de transmisión del virus respiratorio: contacto (directo o indirecto entre personas y con superficies contaminadas) e inhalación en el aire.

Se ha demostrado que este virus se replica tres veces más rápido que el SARS 1 y, por lo tanto, puede extenderse rápidamente a la faringe desde la cual puede desprenderse antes de que la respuesta inmune innata se active y produzca síntomas. Para cuando se presentan los síntomas, el paciente ha transmitido el virus sin saberlo.

En Wuhan, China, se ha estimado que los casos no diagnosticados de infección por COVID-19, presumiblemente asintomáticos, fueron responsables de hasta el 79% de las infecciones virales. Por lo tanto, las pruebas regulares y generalizadas son esenciales para identificar y aislar individuos asintomáticos infectados.

Se determinó que la transmisión aérea desempeñaba un papel durante el brote de SARS en 2003. Sin embargo, muchos países aún no han reconocido la transmisión aérea como una posible vía para el covid-19. Un estudio realizado en hospitales de Wuhan, China, encontró el covid-19 en aerosoles a más de 1.82 cm. de distancia entre pacientes con concentraciones más altas detectadas en áreas más concurridas.

Las estimaciones que utilizan una carga viral promedio de covid-19 indican que un minuto de hablar en voz alta podría generar 1,000 aerosoles que contienen el virus. Esto implica que existen 100,000 viriones (partículas infecciosas) en las gotas emitidas por minuto de hablar.

Las recomendaciones de la Organización Mundial de la Salud (OMS) para el distanciamiento social de 1.82 cm. de distancia no es suficiente en muchas condiciones interiores donde los aerosoles pueden permanecer en el aire durante horas, acumularse con el tiempo y seguir los flujos de aire a distancias de más de 1.82 cm.

Las brisas y los vientos a menudo ocurren y pueden transportar gotas infecciosas y aerosoles a largas distancias. Las personas asintomáticas que hablan mientras hacen ejercicio pueden liberar aerosoles infecciosos que pueden ser recogidos por las corrientes de aire. Las concentraciones virales se diluirán más rápidamente al aire libre.

El COVID-19 puede adherirse a otras partículas como el polvo y la contaminación, lo que puede modificar las características aerodinámicas y aumentar la dispersión. Además, se ha demostrado que las personas que viven en áreas con mayores concentraciones de contaminación del aire tienen mayor gravedad. Esto es debido a que el virus puede permanecer en el aire durante períodos prolongados antes de ser inhalados por un posible huésped.

Dado lo poco que se sabe sobre el comportamiento y la producción en el aire de las gotitas respiratorias infecciosas, es difícil definir una distancia segura para el distanciamiento social. En una habitación cerrada con individuos asintomáticos, las concentraciones de aerosoles infecciosas pueden aumentar con el tiempo. En general, la probabilidad de infectarse en el interior dependerá de la cantidad total de virus inhalado; la cantidad de ventilación y el número de personas.

La evidencia revelara que la transmisión por el aire de individuos asintomáticos podría ser un factor clave en la propagación global de COVID-19. Por ello los cubre bocas proporcionan una barrera crítica, reduciendo la cantidad de virus infecciosos en el aliento exhalado, especialmente de personas asintomáticas y aquellas con síntomas leves.

El cubre bocas protegen a las personas no infectadas parcialmente. Por lo tanto, es particularmente importante usar máscaras en lugares con condiciones que pueden acumular altas concentraciones de virus, como entornos de atención médica, aviones, restaurantes y otros lugares abarrotados con ventilación reducida. Recientemente se descubrió que la eficacia de filtrado de aerosoles de diferentes materiales, espesores y capas utilizados en cubrebocas caseras ajustadas adecuadamente es similar a la de las máscaras médicas que se probaron.

A partir de datos epidemiológicos, los países que han sido más efectivos para reducir la propagación de covid-19 implementaron el uso de cubre bocas. Un caso fue Taiwán con una población de veinticuatro millones que tuvo su primer caso el 21 de enero de 2020 y no implementó un bloqueo durante la pandemia, pero mantuvo una baja incidencia de 441 casos y 7 muertes (el 21 de mayo de 2020). Por el contrario, el estado de Nueva York con una población de 20 millones, su primer caso fue el 1 de marzo de 2020 y ha tenido 353,000 casos y 24,000 muertes (hasta el 21 de mayo del 2020).

Al activar rápidamente su plan de respuesta a la epidemia que se estableció después del brote, el gobierno taiwanés promulgó un conjunto de medidas proactivas que impidieron con éxito la propagación del virus, incluida la creación de un centro de control de epidemias en enero. Utilizando tecnologías para detectar y rastrear a pacientes infectados y sus contactos cercanos, y quizás lo más importante, solicitando a las personas que usen cubre bocas en lugares públicos.

También aseguró la disponibilidad de cubrebocas médicas prohibiendo a los fabricantes de estas y exportarlas, implementando un sistema para garantizar que cada ciudadano pueda adquirirlas a precios razonables y aumentando la producción de ellas. En otros países, ha habido una escasez generalizada, lo que ha provocado que la mayoría de los residentes no tengan acceso a ningún tipo de cubrebocas médicas. Esta notable diferencia en la disponibilidad y la adopción generalizada de usar cubre bocas probablemente influyeron en el bajo número de casos de COVID-19.

La transmisión de virus en aerosol (partículas sólidas y liquidas) debe reconocerse como un factor clave que conduce a la propagación del covid-19. La evidencia sugiere que se propaga silenciosamente en aerosoles exhalados por individuos infectados altamente contagiosos sin síntomas. Debido a su tamaño más pequeño, los aerosoles pueden conducir a una mayor gravedad porque los aerosoles que contienen virus penetran más profundamente en los pulmones.

Entender y aplicar estos lineamientos es espiritualidad en acción ya que obedece a la protección personal y colectiva de la sociedad que nos ha tocado vivir y en la que debemos ser luz en medio de las tinieblas. El uso de cubre bocas es una altísima responsabilidad en beneficio de cada ser humano con el que se tiene contacto y debe ser protegido y cuidado como creación de Dios. Y de ello daremos cuenta si hemos sido realmente responsables.

22
EL COVID-19 ¿ENTIDAD DEMONIACA?

La guerra bacteriológica del covid-19 es una realidad en el mundo; la carrera por derrotarlo está llevando al mundo científico lograr resultados. Científicos, bacteriólogos, virólogos, médicos y todo personal dedicado a la investigación han realizados esfuerzos titánicos para lograr la cura. Paulatinamente en el mundo la vacuna en contra de este virus está generando resultados que han aliviado la angustia y desesperanza imperante en el corazón de la humanidad.

En medio de toda esta situación los testimonios de diferentes zonas geográficas del mundo tienen un común denominador; esta pandemia tiene un elemento demoniaco, destructor, perturbador, asesino. Cada enfermo ha señalado que experimentan una presencia maligna y se acentúa cuando la persona permite que el temor, la ansiedad y la angustia tomen el control.

El salmo 91 ha sido compañero fiel en tiempos tan complicados como estos en la vida de los creyentes. El autor describe el *lazo del cazador* usando la metáfora de un trampero cazador de aves. Esta figura retorica enfatiza el elemento sorpresa porque la trampa no se ve hasta que es demasiado tarde. Este cazador trabaja en lo secreto, cambia su trampa y sus métodos, su *lazo* seduce cual emblema de muerte.

También señala una segunda figura retorica: *peste destructora*, es peligrosa, mortal, invisible e incurable. La pestilencia es común en el Medio Oriente y se presenta como enfermedad que asecha envuelta en tinieblas, más terrible porque golpea de forma invisible. Es una tormenta de destrucción que destruye la salud y corta la vida.

Este virus es una pandemia que ha cortado la vida de millones de personas, ha enlutado hogares dejando profundo dolor, ha desgastado la economía familiar sin piedad esparciendo muerte conforme avanza.

El salmista describe cuatro tipos de destrucción que surgen. El primero es el *terror nocturno*, puede ser el ataque de un ejército enemigo, el grito de fuego, la acción de ladrones, apariencias imaginarias, o el grito de una enfermedad repentina o muerte. Era común en ataques reales como método favorito de asalto en las noches. Lo que suele causar alarma por el ataque repentino de una inesperada incursión.

Aunque también hace referencia a la enfermedad altamente contagiosa que podía arrasar un campamento durante la guerra o en viajeros que transitan por caminos desconocidos y son susceptibles a enfermedades desconocidas o repentinas que aparece de noche. Este *terror* se agrava con la noche y la oscuridad. No vemos su acercamiento; no medimos sus contornos; no sabemos la magnitud del peligro ni cuál puede ser la desgracia.

La segunda descripción de destrucción es *flecha que vuele de día* y algunos señalan que se refiere a los candentes rayos del sol, y en el calor que arde al mediodía el vendaval venenoso. Esta flecha ha sido dirigida y disparada como pestilencia y enfermedad; o en la batalla. La intención es una guerra abierta ya que la flecha se refiere a una batalla; el contexto original del texto es una guerra. Los peligros, especialmente los que amenazan a los viajeros, están representados en las flechas que se han lanzado para intimidar, crear terror y matar.

La tercera descripción es *pestilencia que ande en oscuridad* personifica al dios de la plaga y es representado acechando la tierra en las horas de oscuridad. Se han encontrado paralelos en la literatura de los babilonios y en otros lugares. Esta pestilencia camina en la noche, se arrastra en la oscuridad donde no puede ver su progreso, o anticipar cuándo atacará. Se desconocen las leyes de sus movimientos, y llega a las personas como un enemigo que de repente ataca por la noche.

La cuarta descripción es *mortandad que en medio del día destruya*. La palabra mortandad es *qeṭeb* que significa apropiadamente un corte, una destrucción, como una tormenta destructora; una pestilencia contagiosa. Esta *mortandad* produce desolación al mediodía; es decir, es visible. Este versículo es traducido por la Septuaginta y la Vulgata Latina como: *...el demonio del mediodía*. Esta destrucción que asola al mediodía tiene personalidad demoniaca y no detiene su ataque.

En medio de este ataque pandémico hacia la humanidad Dios libera a su pueblo del lazo del cazador en dos sentidos. Desde afuera librándolos de la trampa no los deja entrar; y si quedan atrapados los libra de allí. El Salmista representó todos los tipos de destrucción que podían venir en todo tipo de circunstancias. Podría ser *de noche* o *de día*; en la *oscuridad* o en *mediodía*. Podría llegar como un *terror* o como una *flecha*, como *pestilencia* o como *mortandad*. De la manera o forma que llegue, Dios es capaz de defender a quien cofia en Él.

En medio de esta pandemia Dios se presenta como un Dios personal. Este salmo describe a Dios con cuatro nombres: El Altísimo (Elyon) que no puede ser comparado con nadie, está por encima de todo, es dueño y es el que gobierna todo; con ello reduce toda amenaza. El Omnipotente Todopoderoso (Shaddai): da la conciencia de que Dios es Todopoderoso, todo suficiente y soberano que está presente todo el tiempo.

El Castillo / Refugio (Yahweh): revela su naturaleza en el sentido más elevado y pleno, haciendo hincapié en su fidelidad absoluta para cumplir sus promesas. La Esperanza / Fortaleza (Elohim): manifiesta su intensidad al revelar su poder, preservación y preparación.

Este Dios personal exige acción de parte de quien pretende seguirlo cuando el salmista expresa *Diré*. Ante la peste destructora que camina en la noche y en el día, que produce terror nocturno y que se lanza como flecha esparciendo muerte se necesita expresar las promesas de protección divina. El Señor puede evitar que esta peste venga sobre ti; o puede salvarte de sus estragos, mientras otros mueren a tu alrededor.

Esta promesa no debe entenderse como absoluta. Es decir, que nadie que teme a Dios jamás caerá por la pandemia. Las personas buenas mueren en esos momentos, así como las personas malas. La idea del pasaje es que Dios puede" preservarnos en ese momento. Que Él es el protector de aquellos que confían en él. Pero ante una pandemia como esta nadie está exento.

La promesa del pasaje es que Dios es el Protector de su pueblo y que debe confiar en Él. *Diré* de Dios que él es mi *esperanza*, mi *castillo* y en *quien confiaré* al confrontar estas fuerzas demoniacas que se han levantado en contra de la humanidad.

23
SOBREVIVIENDO AL COVID-19

El mes de julio del 2020 toda mi familia experimentó por lo menos cuatro síntomas del COVID-19. Mi esposa, hijos, nuera, yernos y nietos. Algunos manifestaron dolor de cabeza, dolor corporal, diarrea, congestión nasal, dolor de garganta, vomito, fiebre, cansancio y tos seca. Creímos que con ello habíamos alcanzado la inmunización suficiente como familia y continuamos desarrollando nuestras vidas con riguroso cuidado en las medidas sanitarias al salir y entrar de casa. Al observar las indicaciones gubernamentales se determinó cerrar el templo el mes de abril del 2020 teniendo nuestras reuniones virtuales.

El estimado señalado por la OMS era que el 80% de la población mundial seria infectada con este virus y que la mayoría experimentaría y se recuperaría sin necesidad de realizar ningún tratamiento especial. La realidad mundial ha sido otra. La demanda de oxígeno es cruel ya que entre las ocho de la mañana a las seis de la tarde las personas están formadas en la calle para cargar sus tanques de oxígeno. Muchos de ellos llegaron a las tres de la mañana a formarse. Cada persona haciendo fila encierra un drama, una tragedia brutal.

El famoso pico de la pandemia señalado en el mes de mayo del 2020 fue una utopía Al inicio del 2021 la humanidad se encuentra ante un cuadro dantesco. Tan solo en México en los primeros doce días de enero se han registrado 44, 577 casos de contagio con 2,164 fallecimientos. La ciudad de México que mantiene el semáforo rojo ha superado las 23 mil 836 defunciones. Los infectados van en aumento día a día en las ciudades del mundo y las ambulancias aúllan por las calles día y noche. Las redes sociales dan cuenta diariamente de gente contagiada y fallecida. Se multiplican los enfermos que angustiados buscan una cama.

Las ciudades de América Latina se hallan al borde del colapso hospitalario; algunos ya alcanzaron el 100% de ocupación. Los pacientes continúan llegando y afuera de los hospitales se ven personas llorando, gritando, esperando informes de sus familiares. Es frecuente ver por horas en sus autos o ambulancias esperando el ingreso esperando que un enfermo interno sea dado de alta o muera para tomar una cama. Aunque se sabe que no hay disponibilidad en los hospitales las ambulancias no dejan de llegar, y las sirenas no dejan de aullar. Muchas más están sentadas en sillas en la calle conectadas a un tanque. El terror es el común denominador en el rostro de estas personas.

Al interior de los hospitales el desabasto de medicamentos es atroz. La falta de equipo, el cansancio extenuante y la muerte del personal médico es brutal. Las personas van de farmacia en farmacia buscando medicamentos con absoluta angustia y desesperación porque la respuesta es la misma: no lo tienen. Esta falta de medicamentos ha generado una atmósfera de caos, de tragedia, de desastre porque al desbordarse la pandemia los medicamentos existentes han subido un 400%.

El inicio del 2021 el terror y el horror es el distintivo en el mundo y cada país lo está pagando de como se ha manejado y los es aún más en aquellas naciones que no supieron, no quisieron u ocultaron la gravedad de la epidemia. La desesperación ha tomado el control en los gobiernos del mundo.

A principios de diciembre del 2020 comencé a experimentar una serie de situaciones físicas. El 13 de diciembre el Dr. Miguel Romero Nolazco me visito en casa para revisarme y me recetó medicamentos; junto con su esposa la Dra. Mónica de la Vega estuvieron checando mi situación. El domingo 20 se me diagnosticó neumonía atípica (COVID-19).

El parte médico fue sorpresivo ya que mi esposa, Rosa María Elena, mis hijas, Yearim y Keila también lo tenían al igual que mi yerno José Angel Escobedo Ibarra. Iniciamos una larga jornada para enfrentar el virus. Para las siguientes dos semanas mi esposa e hijas estuvieron en cama delicadas y medicadas en situación de crisis; el Señor las fortaleció y sanó, pero con secuelas.

Mi situación y la de mi yerno se agravaron en la segunda semana y la exigencia de estudios, análisis, oxígeno y medicamentos era demandante. Los precios se dispararon diariamente, pero la mano de Dios se manifestó ya que ministros, miembros de iglesia y familia apoyaron financieramente enviando ofrendas, despensas, pagando medicamentos y consultas médicas. Personas que nunca imaginamos aportaron para la causa, el Señor los bendiga enormemente. Cada día era una lucha en casa, nunca pisé el hospital porque así convenimos en familia.

En este proceso nunca me enoje contra Dios, no me angustié, no permití que emergiera el temor en mi vida, no intente indagar quién me infectó, no pregunte ¿Por qué? Solo le dije al Señor que mi vida estaba en sus manos y que me diera paz. Experimenté la presencia de un espíritu de muerte en casa en ciertas noches y comencé a reprender.

Varias tardes me senté al borde de la cama y ore al Señor expresando que sanara a mi familia y que pudiera cumplir con el ministerio recibido. Tuve la experiencia de su paz y la convicción de sanidad, pero debía continuar en el proceso. Recibí veintiséis inyecciones, cientos de medicamentos, tres estudios y análisis además de las consultas y tres semanas de oxígeno; obvio la cuenta subió de manera estratosférica que rebasó todo presupuesto estimado.

Solo puedo señalar que Dios estuvo en todo y con todos los participantes. Las muestras de cariño y ánimo a través de los imbox, videos enviados y llamadas fortalecieron mi espíritu, pero sobre todo la red de oración que se desarrolló en torno mi situación. En este tiempo tan difícil la oración de la Iglesia y sus ministros en intercesión por mi persona fue fundamental para vencer la muerte. La recuperación de mi esposa, hijas, yerno y mía ha sido paulatina, Dios es fiel.

El dolor embargo el corazón de mi familia al ser testigos de cómo esta dantesca enfermedad toco la vida de mi amado padre. El 4 de febrero del 2021 iniciamos la lucha, fiel a su espíritu con fortaleza enfrentó con valor los días, pero paulatinamente sus fuerzas y su ánimo fueron minados. El hombre que me formó, guió, educó, animó, sostuvo y empujó en la vida y el ministerio alcanzó la eternidad el 21 de febrero del 2021 a las 5:15 p. m.

José Armando Mendoza Hernández de quien con orgullo siempre presenté como mi amigo, hermano, consejero y mentor expiró en mis brazos; en su lecho cerré sus ojos, besé su frente y lo despedí. Mi admirado padre se encontró con su Señor Jesucristo de quién me enseño su Palabra desde el vientre de mi mamá.

Crecí a su lado, aprendí del Señor y de la vida con su ejemplo, entendí el principio de la ética del trabajo y la filosofía de dar con liberalidad. De él bebí que la disciplina es el componente primario para lograr la grandeza y me formó para renunciar a la mediocridad en la vida; me enseñó que los amigos son contados y al encontrarlos tenía que cuidarlo como un tesoro.

Mi amigo, mi hermano, mi padre me dejó un legado de la vida sencilla, de la importancia de una familia estable, de amar y servir a Dios con pasión, de proseguir en la vida sin temor y alcanzar tus sueños, de que puedes lograr todo lo que te propongas, de confiar en las capacidades que el Creador te dio, de no tener miedo a nada y a nadie, de hacer del dinero tu siervo, de vivir la vida a plenitud, de siempre tener una visión y luchar por ella hasta lograrlo. Su legado ha pasado a mis hijos y a mis nietos y continuamos hasta que Cristo venga por nosotros.

Mi familia y yo somos sobrevivientes del covid-19 y por mi experiencia personal y familiar debemos continuar alerta con las medidas sanitarias señaladas y no confiar ya que este mortal virus está mutando y generando más muerte en nuestro entorno. La relación con el Altísimo exige responsabilidad para con nuestro prójimo en las medidas sanitarias; es parte de nuestra espiritualidad en tiempos de covid-19. El Señor nos ayude a mantener el testimonio como faros en medio de la tormenta en estas densas tinieblas.

CONCLUSIÓN

Tratar con el COVID-19 es un desafío médico y emocional, pero también nos lleva a un viaje espiritual. Este virus es un poderoso recordatorio de nuestra humanidad común. No discrimina raza, religión o nacionalidad. Infecta a los ricos tan fácilmente como a los pobres. Hace que los políticos importantes de todas las naciones sean tan vulnerables como los ciudadanos comunes.

En su camino, todos somos iguales, lo que significa que todos debemos enfrentar esta crisis juntos. En un momento de mayor polarización en todo el mundo, esta pandemia nos recuerda nuestra humanidad compartida. Su implacable difusión debe reforzar nuestra fe en la dignidad común de todos los seres humanos.

La humanidad compartida de cada ser humano es un principio bíblico que tiene su origen en la creación del universo. Dios hizo el mundo de una manera que enfatizaba la igualdad de cada ser humano. Él trajo a la existencia a todos los animales y plantas en masa, sin embargo, hizo a toda la humanidad de un hombre y una mujer, Adán y Eva. Lo hizo para asegurarse de que todos los humanos desciendan de los mismos padres biológicos.

Eso significa que nadie puede reclamar legítimamente ser racialmente superior. Todos somos hermanos y hermanas, llamados por Dios para tratarnos con respeto y compasión. Al originar a toda la humanidad de solo dos personas, Dios también transmite la santidad de cada vida humana. Así como salvar a Adán o Eva en los albores de la Creación habría significado salvar al mundo entero, también debemos reconocer que cada vida tiene el valor del mundo.

114

En el corazón de nuestra preciosidad individual y de nuestra dignidad compartida está el amor que Dios manifiesta al ser humano creado a su imagen. Esto significa que todos estamos agraciados con una dimensión espiritual que llamamos un alma que refleja, de alguna manera, la majestad, el brillo y la luz de Dios mismo.

Nuestras almas son la fuente de toda la creatividad, el genio, la energía y la tenacidad del espíritu humano. La Biblia enseña que Dios, al concedernos un alma, nos invita a ser sus socios en la creación. Todos tenemos el poder de actuar y comportarnos de una manera que ayuda a hacer del mundo un lugar mejor. Junto con el asombroso poder del espíritu humano está la vulnerabilidad existencial de la condición humana.

Cada vida se asienta en contrastes: somos físicos, pero también espirituales; tenemos cuerpos, pero también almas; somos esencialmente frágiles, pero también notablemente fuertes; nuestros cuerpos son mortales pero nuestras almas son inmortales. Como seres humanos, vivimos con una aguda conciencia de nuestra propia vulnerabilidad, por eso nos volvemos, con humildad, a Dios. Cuando tenemos fe, incluso nuestros tiempos más oscuros son bendecidos con su luz.

Nuestra respuesta a la pandemia del COVID-19 refleja esta paradoja de la condición humana. Por un lado, estamos desplegando nuestros notables recursos médicos, científicos y operativos para evitar desastres. Por otro lado, este virus es un recordatorio conmovedor de nuestra fragilidad colectiva. A pesar de nuestros grandes avances en medicina y tecnología del siglo XXI, un virus invisible y sigiloso ha demostrado nuestra debilidad. Por ello reconocemos y expresamos en cada oración nuestra vulnerabilidad fundamental, y reconocemos que, después de todo, sí estamos en las manos de Dios.

Mientras lidiamos colectivamente con esta amenaza a nuestro bienestar, abracemos esta crisis como una oportunidad para embarcarnos en un viaje de crecimiento espiritual para volver a comprometernos a tratar a todos con igualdad y dignidad; de celebrar la grandeza, creatividad y tenacidad del espíritu humano; de reconocer nuestro sentimientos de dolor, frustración, enojo e incredulidad por no recibir respuesta en Dios de sanar a nuestros seres amados que partieron, de aceptar humildemente nuestra vulnerabilidad, de conectarnos con Dios, quien nos hizo a su imagen y nos dotó no solo de la fuerza para perseverar, sino también del espíritu para prosperar.

Salgamos de este capítulo turbulento e inquietante en la historia de la humanidad como personas más grandes con más compasión, fe, aprecio y fuerza que nunca revelando autentica *Espiritualidad en tiempos de COVID-19*.

BIBLIOGRAFÍA

Bello, Manuel. *Escogiendo la buena parte*. Santo Domingo, R.D.: Artes Antillas, 2006.

Bevere, John. *El temor de Dios*. Lake Mary, FL: Casa Creación, 1998.

Boa, Kenneth. *Conformados a Su imagen*. Miami, FL: Vida, 2006.

Books, Upper Room, ed. *Compañerismo en Cristo: una experiencia de formación espiritual en grupos pequeños*. Nashville, TN: The Upper Room, 2003.

Bounds, E. M. *Orad sin cesar*. Miami, FL: Vida, 1981.

Bridges, Jerry. La práctica de la piedad: La piedad tiene valor para todo. Colorado Springs: NavPress, 2008.

Cornwall, Judson. *Seamos santos*. Miami, FL: Ed. Vida, 1978.

De los Reyes, Daniel. *Muerte quieren*. https://facebook.com/daniel.delosreyes1.

Flynn, Leslie B. *¿Yo ser como Jesús?* Terrassa, Barcelona: CLIE, 1978.

Foster, Richard J. *Celebración de la disciplina*. Miami, FL: Vida, 2009.

_____. *Rios de agua viva*. Buenos Aires, Argentina: Peniel, 2010.

Foster, Richard J. y James B. Smith. *Devocionales clásicos*. El Paso, TX.: Mundo Hispano, 2005.

Freidzon, Claudio. *Rendido totalmente*. Miami, FL: Vida, 2006.

González, Nino. *Manteniendo Pentecostés*. Miami, FL: Vida, 1998.

Hayford, Jack. *Edificado por el Espíritu: Deje que el Espíritu Santo de significado, valor y éxito a su vida*. Miami, FL: UNILIT, 1997.

Hybels, Bill. *No tengo tiempo para orar*. Buenos Aires, Argentina: Certeza, 2001.

Kuhlman, Kathryn. *El toque del Maestro*. Buenos Aires, Argentina: Peniel, 2003.

LaHaye, Tim. *Como hallar la voluntad de Dios en un mundo de crisis*. Miami, FL: Vida, 2010.

Lawrence, Hermano. *La práctica de la presencia de Dios*. Miami, FL: Vida, 2007.

Libert, Samuel. *Locos por Cristo: el poder de una vida consagrada al Señor*. San José, Costa Rica: Desarrollo Cristiano Internacional, 2002.

Martínez, José M. *Salmos escogidos*. Terrassa, Barcelona: CLIE, 1992.

Maslow, Abraham. *La teoría de las necesidades*. Barcelona, España: Editorial Salvat. 1975.

Maxwell, John C. *Ética: la única regla para tomar decisiones*. Miami, FL: UNILIT, 2003.

_____. *Sé todo lo que puedas ser*. Buenos Aires: Peniel, 2002.

McMillen, S. I. *Ninguna enfermedad*. Miami, FL.: Vida, 1986.

McNeal, Reggie. Una obra del corazón: Entendiendo como Dios forma a líderes espirituales. San Francisco: Jossey-Bass, 2000.

Mendoza Vital, Rafael. *Mujer: el poder detrás del púlpito*. Pachuca, Hidalgo, México: RMM. 2019.

_____. *Teología Urbana*. Pachuca, Hidalgo, México: RMM. 2019.

Nee, Watchman. *La vida cristiana normal*. Grand Rapids, MI: Portavoz, 1965.

_____. *Oremos*. Miami, FL: Vida, 2010.

Ortberg, John. *La vida que siempre has querido: Disciplinas espirituales para personas comunes*. Miami, FL: Vida, 2004.

_____. *Ser el ser que quiero ser*. Miami, FL: Vida, 2010.

_____. *Si quieres caminar sobre las aguas, tienes que salir de la barca*. Miami, FL: Vida, 2002.

Packer, J. I. *El conocimiento del Dios Santo*. Miami, FL: Vida, 2006.

Peterson, Eugene H. *Una obediencia larga en la misma dirección*. Miami, FL: Patmos, 2005.

Purkiser, W. T. *Explorando nuestra fe cristiana*. Kansas City: CNP, 1979.

Scazzero, Peter, *Espiritualidad Emocionalmente Sana*. Vida, 1999.

Sorge, Bob. *Secretos del lugar secreto: Llaves para avivar tu tiempo personal con Dios*. Miami, FL: Vida, 2007.

Stamateas, Bernardo. *Alcanzando el éxito*. Argentina: Certeza, 2007.

Stott, John. *Cristianismo básico*. Buenos Aires, Argentina: Certeza, 2007.

_____. *El sermón del monte*. Buenos Aires, Argentina: Certeza, 2008.

Stowell, Joseph M. *Pasión por Cristo*. Miami, FL: Vida, 2003.

Stronstad, Roger. *Un alma en busca de Dios*. Miami, FL: Vida, 2006.

Tan, Siang-Yang y Douglas H. Gregg. Disciplinas del Espíritu Santo: Como conectar al poder y a la presencia del Espíritu. Grand Rapids: Zondervan, 1997.

Teja, Gary, *Formación Espiritual*. Barcelona, España: FLET-CLIE. 2009.

Tozer, A. W. *El conocimiento del Dios santo*. Miami, FL: Vida, 1996.

Trask, Thomas E. *El fruto del Espíritu: Convirtiéndote en la persona que Dios quiere que seas*. Miami, FL: Vida, 2001.

Waren, Rick. *Una vida con propósito*. Miami, FL: Vida, 2003.

White, Jerry. *Honradez, moralidad y conciencia*. Miami: Vida, 1984.

White, John. *Atrévete a ser santo*. Argentina: Certeza, 2005.

Wiersbe, Waren. *Seamos santos*. Grand, Rapids, MI.: Portavoz, 1998.

Willard, Dallas. *El espíritu de las disciplinas: Como transforma Dios la vida*. Miami, FL: Vida, 2010.

Williams, Morris. *La conducta del creyente*. Miami, FL: Vida, 2002.

Wittmer, Michael. *Por qué vivir como Jesús no es suficiente*. Miami, FL: Vida, 2010.

Wood, George. Viviendo en el Espíritu. Springfield, MO: Gospel Pub. House, 2009.

Yabraian, Carlos. *La aventura de estudiar La Biblia: El método inductivo*. Argentina: Certeza, 1997.

Made in the USA
Columbia, SC
18 May 2023

16955213R00071